JN029533

10代に届けたい5つの〝授業〟

生田武志
山下耕平
編著

著者
松岡千紘
吉野靫
貴戸理恵
野崎泰伸
なかのまきこ

学校では出会えない〝授業〟

学校の授業って、自分の生活に結びついてないなとか、リアリティを感じられないとか、もっとこういうことが知りたいのにとか、思ったことありませんか？

この本では、「ジェンダー」「貧困」「不登校」「障害」「動物と人との関係」の〝授業〟をおこなっています。わたしたちは、それぞれのテーマや現場で長年、活動してきました。どれも身近な問題ですが、学校などで子どもたちが学び、当事者と語りあうような場がとても少ないテーマでもあります。「不登校」のパートで書かれているように、考えてみると、学校は「毎日、同じかたちをした教室で、みんなが同じ制服を着て、同じ方向を向いている」ずいぶん奇妙な場所です。しかも、そこで学ぶ内容にもかたよりがあります。中学でいうと「国語」「数学」「理科」「社会」「保健・体育」「英語」「音楽」「美術」「技術・家庭」「総合的学習」などですが、そこでは「貧困」や「不登校」「動物との関係」「障害」を学ぶ機会はほとんどありません。こうした問題について「ほとんど何も知らないまま大人になってしまう」ことも十分あるのです。

このなかで、「性的マイノリティ」を学ぶ機会は、2010年ごろから増えてきました。もちろん、以前からずっと性的マイノリティの人たちは今と同じようにいたのですが、学校でその問題を考える機会はほとんどありませんでした。多くの性的マイノリティの人たちは、インターネットやテレビ、雑誌などのメディア、学校や地域で「当たり前」のようにからかわれ、傷つけられる経験をしていましたが、多くの場合、黙って耐えるしか方法がありませんでした。なかには、そのために学校に行けなくなったり、自分の存在を否定して死ぬことを考える人たちもいました。

一方、生活保護の家庭で暮らす子どもたちも、「生活保護バッシング」というかたちでからかわれたり、傷つく経験をたびたびしています。本当なら、学校や地域で多くの人が生活保護について学んで偏見や差別を解消していく必要があるのですが、そうした機会は今でもあまりないままかもしれません。

わたしたちの授業には、子どもたちを「加害者」にしない、という目的もあります。ぼくは、2000年から全国の学校で「貧困と野宿を考える」授業を続けています。そのきっかけは、「ぶっそう」な話に聞こえるかもしれませんが、「10代の若者による野宿者襲撃を止めたい」ということでした。全国各地で野宿している人たちが、おもに10代の若者に襲撃され、たびたび殺されています。ぼくは野宿の現場でこうした事件に繰り返し出会い、「襲撃を止めるには、学校で授業をして、野宿の人たちへの理解を広めていくことが絶対に必要だ」と考えました。そして、知り合いの先生たちに声をかけて、授業の機会を広げていきました。

「障害」のパートでも、障害者施設で19名を殺害、職員等も合わせて26名に重軽傷を負わせた「相模原事件」について、「障害者である自分自身も『いつか殺されるのでは』という、もともとあった恐怖を、よりいっそう感じるようになりました」「相模原事件のほうがわたしたちを問うている、というスタンスで考えていきたい」と書かれています。現実に、野宿者や障害者、そして女性や性的マイノリティ、動物たちは社会的な差別（構造的な暴力）を受けつづけています。そのなかで、「肉体的に殺される」だけでなく「心、魂が殺される」事件も起きています。授業は、こうした問題について、子どもたちを「被害者にしない」と同時に「加害者にしない」という目的もあるのです。

わたしたちの目的のひとつは、みなさんに「自分とはちがう生き方をしている人たちと、本当の意味で出会ってほしい」ということです。「本当の」というのは、自分のことも相手のこともできるかぎり理解し、おたがいの存在をできるかぎり尊重しあう、という意味です。

学校は「社会の縮図」とよくいわれますが、実際には、同年齢の人たちが集められた特殊な社会です。そこには赤ちゃんも高齢者もいません。また一方で、学校に行けなくなる人もいます。障害がある人は、別の学校やクラスに分けられていることがあります。

そして、性的マイノリティや生活保護の家庭の子どもは、同級生たちと出会っていても、本当のことをいえず、自分のことを隠しているかもしれません。また、女性と男性は日常的に出会っていますが、社会的な位置のちがいを理解できていないまま、すれちがっていることが多いかもしれません。そして、動物たちに、わたしたちは学校の給食などで出会っていますが、その動物たちがどのように生まれ、育てられ、肉や牛乳や卵というかたちになっているか、ほとんど知らないかもしれません。わたしたちが「他者」と出会うためには、最低限、知らないといけないことがあります。この授業は、そのための準備をしているのです。

さらに、この本で学んだことは、みなさんが学校で学んでいる普通の「勉強」の意味を、あらためて考えるきっかけになるかもしれません。ぼくが「貧困と野宿を考える」授業をすると、多くの生徒が野宿している人たちを訪ねる「夜まわり」に参加してくれます。そのなかには、夜まわりの経験を通して「ショックを受けて、自分に何ができるか考えるため、大学で福祉の勉強をしたいと思った」「日本だけでなく海外のホームレスの人たちのことを知るため、外国で学ぶことを目標にした」と、自分の進路を決めていった生徒が何人もいました。

広く社会の問題を知ることは、社会のなかでの自分自身の意味を知ることにつながります。現実の社会、現実の他者と出会うことで、自分の新しい可能性を見つけることができるかもしれません。

その意味で、この本が、ひとつの「出会い」となり、自分のふだんの生活や生き方、あるいは自分の生きる社会のあり方を考えるきっかけになってほしいと思います。

生田武志

10代に届けたい5つの〝授業〟

目次

第3限

不登校から学校の意味を考える

山下耕平／貴戸理恵

前編

不登校ってズルいですか？……096

第1限

ジェンダーって、結局何なの？

前編　社会とジェンダーの関係を「自分ごと」として考える

はじめに

わたし（松岡）は、10代後半から約10年間、摂食障害でした。ファッションやメイクにまったく興味がなく、好きなことといえば動植物の観察や鉱物採集だったわたしは、小学校の高学年から次第に同級生の話題についていけなくなり、「自分は普通じゃない」というコンプレックスに囚われるようになっていました。高校時代からそのコンプレックスを解消するように「普通」を追い求め、痩せることにこだわりだし、過食嘔吐と減っていく体重計の数字にしか心の拠り所を見出せなくなりました。当時、そんなわたしを心配した母親に連れられ数件の精神科をまわりましたが、母親との関係や男性との交際関係を中心とした問診に納得できず、継続して通院することはありませんでした。その後24歳で娘を出産し、大学に入学したころ幸いにも摂食障害はすっかり治りました。

大学での講義のなかで、わたしは「ジェンダー（gender）」という概念に出会います。まるで雷に打たれたような衝撃を受け、授業中なのに涙が止まらなかったことを覚えています。それまでわたしは、わたし自身の「心の弱さ」によって摂食障害になったのだと思っていました。その背景にある、女性に対し「痩せ」を強いる社会構造の問題点に気づいていなかったのです。また、知人から性暴力に遭ったことも自分のせいだと考えていました。知人を信用して「ついていった」ことを責める周囲の言葉に心が縛られていました。

ジェンダーとの出会いは、わたし自身が縛られていた「女」や「男」に関する思い込みや、「女」であるがゆえに被(こうむ)ってきた生きづらさに関する自己責任の発想から、わたしを解き放つきっかけになりました。ジェンダーを理解したあとにみえる世界は、それ以前とまったくちがったものになったのです。

たとえば、女性に対する誉(ほ)め言葉としては、「かわいい」がよく使われますが、男性に対しては使われることがほとんどありません。それはなぜでしょうか？　また、交際相手をリードすることについて、よく「男らしい」と表現されますが、それはなぜでしょうか？　学校の教頭や校長に男性が多いのはなぜでしょうか？

ジェンダーという視点を使うと、これらの謎が解けていきます。この〝授業〟では、ジェンダーという視点を学ぶことで、性別をめぐるさまざまな問題を、みなさん自身の生に深くかかわる問題としてとらえ直すきっかけを提供できればと思います。

1　ジェンダーって何だろう？

「女」と「男」、ちがっていて当たり前？

ではあらためて、ジェンダーとは何でしょうか？　ジェンダーという言葉は近年、メディアなどさまざまなところで目にするようになりました。ですが、その言葉が何を意味し、何を乗り越えようとしているのかについて、まだ十分に理解が広まっているとはいえません。そこでまず、ジェンダーという言葉の意味を考えるにあたり、それと対比される、「セックス（sex）」という概念について見ていきたいと思います。

セックスとは、生物学的な性別のことを指します。近代社会では、ヒトとしてのわたしたちが女／男というふたつの明確に分かれた性別のいずれかに属していると考えられてきました。ですが、実際には、セックスはこのように単純に二分できるものではありません。雌・雄としてのヒトの性別は、遺伝子（性染色体）や外性器、内性器、性ホルモン、第二次性徴、後天的要素など、さまざまな指標が組み合わさった連続的・複合的な現象なのです。ですが、近代社会では、セックスが女性と男性のふたつしかないと想定し、このふたつの区分をベースにして、法制度をはじめとするさまざまな社会制度を築いてきました。さらに、これらの社会では、生物学的男性は外で働いてお金を稼ぎ、生物学的女性は子を産み育てることが「自然」であるというように、生物学的性別における女性と男性それぞれに固有の特性がそなわっていると考えられてきました。

たとえば、フランスの哲学者であり、「近代の父」とも称されるルソーは、１７６２年に著した教育書の『エミール』のなかで、男女は性格や体質が同じようにつくられておらず、適した仕事（そして仕事に関する好み）もちがうために、同じ教育を受けるべきではないと述べています。ルソーによれば、男女には、そのセックスに応じて異なった役割が与えられています。女性の使命はよき妻、そして母になることであり、男性の使命は「自由な主体」になることです。男性には、その肉体を強くし、物事を分別できる理性と知識を習得するための教育が与えられるべきなのに対し、女性には、男性を悦(よろこ)ばせる魅力と他者の世話をする能力を発達させる教育が与えられるべきであり、それ以上の知識の習得はゆるされないというのです。

こうした、それぞれのセックスに固有の特性がそなわっているという考えは、ルソーにかぎらず、当時の社会で広く共有され、女性の政治参加を否定する一般的な根拠となっていました。生物学的に異なる女性と男性は、その役割とふるまいも当然に異なっており、それゆえに女性に対する権利の制限が正当化されるというわけです。ジェンダーが乗り越えようとしてきたのは、まさにこのようなセックスに特定の性質や役割を結びつける、「生物学的決定論（運命論）」という考え方です。すなわち、ジェンダーとは、セックスに結びつけられていた性質や役割をそこから切り離し、これらが時代や文化によって変化する、社会的に構築されてきたものであることを示す概念なのです。

社会的・文化的性差としてのジェンダー

この意味でのジェンダーは、「社会的・文化的性差」と表すことができます。ジェンダーという言葉自体は、もともと男性名詞と女性名詞の区別を指す文法用語として用いられてきましたが、1970年代に入り、社会的・文化的に形成された性差を意味するものとしてこの言葉が再活用されたのです。では、社会的・文化的性差としてのジェンダーとは、具体的にどのようなものでしょうか。

それは、典型的には、「男らしさ」や「女らしさ」と呼ばれるものです。みなさんのなかには、「女の子なんだから家事を手伝いなさい」や、「男の子のくせに泣くんじゃない」といわれたことがある人も少なくないでしょう。また、料理が好きなこと、リーダーシップを発揮しないことについて、「男らしくない」とからかわれたり、反対に、スポーツをしていたり、料理やメイクをしていないことを「女らしくない」といわれた経験はないでしょうか。あるいは、進路相談の際に、「女子は理系に向いていない」といわれたり、偏差値の高い学校を志望した際に「高学歴の女性は結婚相手が見つからないから」と止められた経験はないでしょうか。

これらはすべて、「女らしさ」や「男らしさ」に関する社会的な区別に根差した発想・言葉であり、ジェンダーの例です。ジェンダーは、「男性は積極的で女性は消極的」「男性は理性的で女性は感情的」「男性は外で働き、女性は家で家事と育児に専念する」というように、「あるべき男性像」や「あるべき女性像」として、人々の意識や制度に浸透しています。

わたしが友人の出産祝いのプレゼントを買いに百貨店の子ども服売り場に行ったときの話です。「どのようなものをお探しですか?」とスタッフの1人が声をかけてきました。出産祝いを探しているとわたしが答えると、まず聞かれたのが、子どもの性別でした。そして、男の子であれば青い飛行機柄の産着(うぶぎ)、女の子であればピンクや黄色の花柄の産着がいいとアドバイスされました。これはほんの一例です。わたしたちは生まれてすぐの時期（場合によっては生まれる前の段階）から、このジェンダーをシャワーのように浴びつづけています。

たとえば、ほとんどの場合、乳幼児の服やおもちゃは男の子用と女の子用とに分けられています。また、ヒーローもののアニメやドラマでは、主人公が力（＝暴力）や知恵を駆使して悪者を倒し、ヒロインを守るというシナリオが頻繁に用いられる一方、女性が主人公の場合、「美しさ」や「優しさ」を美徳として強調する描き方が多用されています。周囲の大人の声かけも同様です。男の子には活発さや積極性をうながすような声かけがなされる一方、女の子には優しさや協調性、容姿を評価する声かけが頻繁になされます。小学校では、男の子であれば青や黒、女の子であれば赤やピンクといったように、ランドセル選びにもジェンダーが反映され、中学校では、制服のほとんどが男性用と女性用に分けられます。最近であれば、家事が得意なことや気づかいができることについて、「女子力」という言葉がよく使われます。また、教員が、男子生徒にだけ重い荷物運びを指示することも多々あります。

このように、わたしたちは、女性・男性の価値や役割に関する見方を、自分の意思にかかわらず、物心つかないころから社会生活を通じて学習しているのです。このことを、ジェンダーの「社会化（socialization）」といいます。多くの人は、ジェンダーを無意識のうちに自分自身の価値観や見方として受け入れていきます。こうして内面化されたジェンダーは、社会の行動様式として繰り返されることで、非公式なルール（社会規範）としてふたたび人々に学び取られていくのです。

セクシュアリティとジェンダー

人間の「最も私的で個人的な領域」とされているセクシュアリティも例外ではありません。セクシュアリティとは、誰に対しどのように恋愛感情や性的欲望を抱くかなど、人間の性的な事柄に関するあり方全般を意味します。これらは、「自然」な現象であるととらえられがちですが、実は、ジェンダーの影響を色濃く受けています。この領域におけるジェンダーとは、たとえば、男性が「攻める側」であり、女性は「受ける側」であるというものです。ここでふたたび、先に取り上げた『エミール』のセクシュアリティに関する議論を例にしてみましょう。ルソーは、両性には性行為における異なった流儀があり、それが両性の道徳的な関係のちがいにつながるといいます。すなわち、ルソーによれば、性行為のはじめには、まず男性が力（暴力）を行使し、それに対し女性はほどよい抵抗で応えます。そして、この抵抗を制することが男性の自尊心を満たし、その結果、男性の「大胆さ」、女性の「慎みと恥じらい」という道徳的なちがいが生じてくるというのです。

ですが、人間は本来、多種多様なセクシュアリティをもっているはずです。それなのに、ここでは男性が「能動的」で女性は「受動的」というように、セクシュアリティが女と男でふたつの方向に分けられ、また、男性は女性を、女性は男性を性愛の対象とすることが当然の前提とされています。さらに、時代が異なるとはいえ、性行為には「暴力」をともなうことが当然であるとするこの説明は、暗に性暴力を肯定しており、とても大きな問題をはらんでいます。

　セクシュアリティに関する主体（働きかける側）／客体（働きかけられる側）というジェンダーは、たとえば、「男性が性的に見る」側で「女性は性的に見られる側」であるというように、性的な目線のなかにも現れます。現在でこそ、徐々に女性向けのアダルトビデオが制作されはじめていますが、それでもなお、ほとんどのアダルトビデオのカメラアングルは、「見る側」である男性の視点を表しています。アダルト雑誌やアダルト・アニメも同様のジェンダーを反映しており、これらは、男性が性産業のなかで「欲望の主体」として重視されていることを示しています。現代社会の男性の多くは、性情報をこれらのアダルト・コンテンツから入手しますが、このことは、彼らが知らず知らずのうちに、セクシュアリティに関するジェンダーを当たり前のこととして学習してしまうことにつながります。

ジェンダーによる自己決定に対する抑圧

　では、このようなジェンダーのいったい何が問題なのでしょうか。ひとつには、一人ひとりが性別に囚われず「自由に生きること」を妨（さまた）げてしまうということがあげられます。本来、人間としてのわたしたちは、さまざまな欲求、好み、体質、得意分野などをもっています。料理や家事が好きな男性もいれば、そうではない女性もいます。活発な性格の女性もいれば、そうではない男性もいます。数学や化学が得意な女性もいれば、そうではない男性もいます。男性に惹かれる女性もいれば、そうではない女性もいます。つまり、わたしたちは、ジェンダーのカテゴリーには括られない多様な個性をもっているのです。同時に、わたしたちは、みずからの望むように人生の目標を立て、人生のさまざまな局面で望むように選択を重ねていく自由、すなわち、自己決定の権利をもっています。ですがジェンダーは、しつけやからかい、いじめ、そのほかの社会システムを通じて、その人が本来もっている個性を生物学的性別の枠に閉じ込めます。そうすると、「自分が本当は何を望んでいるのか」「自分は本当はどうしたいのか」という自己決定の原点が抑圧されてしまいます。仮に、運よくこのような抑圧を乗り越えたとしても、その望みがジェンダーに沿わない場合、それを実現しようとするたびにジェンダーが社会的な障壁として立ち現れます。つまり、ジェンダーは、それぞれの自己決定の原点からその実現にいたるすべてのプロセスのなかで、社会的な抑圧として作用するのです。

　この次元でジェンダーを考えた場合、ジェンダーとは、両性の役割やあり方に関する「決めつけ」ないし「偏見（バイアス）」と、それにもとづく社会的抑圧といえます。厄介なのは、これらは多くの場合無意識であるということです。そのため、それが抑圧として作用しているとしても、本人には何も悪気がないことがほとんどです（場合によっては「善意」ですらあります）。ですから、ジェンダーを考える際に、「意図」を問題にすることは適切ではありません。重要なのは、この社会で生きているかぎり誰もジェンダーから自由ではないということを認識することだといえます。

ところで、この決めつけや偏見という意味でのジェンダーは、それぞれの個性の発揮を阻むという点で、女性と男性のどちらにも影響を与えています。そうすると、ジェンダーの問題は女性と男性に「等しく」生じていると思われるかもしれません。ですが、ジェンダーは、女性と男性どちらに対しても、同じような仕方で等しく不利益を及ぼすのではありません。実際には、ジェンダーは女性と男性のあいだに多くの不平等をもたらしています。

ジェンダーにもとづく価値づけ

では、ジェンダーにもとづく不平等とはどのようなものでしょうか。大別して、男性には、強さ・積極性・理性・賃労働が、女性には、弱さ（はかなさや美しさ）・受動性・感情・無償労働（育児や家事）がジェンダーとして割り当てられていますが、これらはたんに性質が異なるのではなく、優劣の関係にあります。すなわち、弱さよりも強さ、感情よりも理性、無償労働よりも賃労働のほうが「上」であるというように、この社会の評価基準では、男性に割り当てられる性質・役割のほうが女性に割り当てられる性質・役割よりも価値が高いとみなされているのです。

たとえば、「理性的」と聞いたとき、みなさんは、「冷静に物事を考えられる」「適切なコミュニケーションがとれる」といったポジティブなイメージを抱くのではないでしょうか。一方、「感情的」と聞くと、「冷静に話ができない」や「喜怒哀楽が激しい」といったネガティブなイメージを抱くと思います。実際に、現代社会では「感情」よりも「理性」が重視されています。したがって、この社会では、「理性的」という言葉はポジティブな文脈で使われますが、「感情的」という言葉はたいていネガティブな文脈で使われています。また、たとえば、内申や人事の評価項目に「積極性」があるように、「積極的」という要素は、学業や仕事などの社会生活で肯定的に評価されます。ですが、「受動的（おとなしさ）」という要素は、これらの場面で否定的な評価につながります。このように、女性と男性に振り分けられるジェンダーはその価値という点で対等ではなく、上／下という序列の関係にあります。そしてまた、これらのジェンダーの関係性に応じて、男性と女性の社会的地位も上／下に分かれているのです。これが、ジェンダーにもとづく不平等です。つまり、ジェンダーはけっして両性に対して「中立的」なものではないということです。

性別分業とジェンダー

このことは、労働に関するジェンダーに照らして考えるとより明確になります。男性は賃労働を担（にな）い、女性は家事、育児、介護など、賃金の発生しない労働、すなわち無償労働を担うという役割分担を、「性別分業」といいます。この性別分業については、賃労働のほうが無償労働よりも価値が高いとする序列の関係を指摘できます。みなさんは、「誰のおかげで飯をくってるんだ」という言葉を聞いたことがあるでしょうか。実はこれは、典型的なドメスティック・バイオレンス（以下、

「DV」といいます）における言葉の暴力です。では、なぜこの言葉が「攻撃」としての力をもつのでしょうか。それは、「お金を稼ぐ人間のほうが偉い」という社会的な価値基準があるためです。ですが、よく考えてみると、家事は日々の生活をするうえで必要不可欠な仕事であり、賃労働をしている人は、この無償労働に支えられて仕事をおこなうことができているはずです。また、この無償労働を外注した場合には賃金が発生します。そうすると、どちらも同じ「仕事」なのに、このような価値の優劣がつくられていること自体がおかしなことだといえます。

実は日本では、1980年代半ばからの女性の就労率の高まりとともに共働き世帯の数も増加し、2022年には、賃労働をする夫＋専業主婦である妻からなる世帯が430万であるのに対し、共働き世帯が1191万と、共働き世帯が圧倒的多数を占めています。また、連合がおこなった2021年の意識調査によると、女性の専業主婦を希望する割合は13・8％と、1987年の調査開始時の33・6％から大きく下降し、男性の「パートナーに対する期待」も、仕事と育児・家事の両立を望む割合が39・4％と、1987年の10・5％に比べて大きく上昇しています。この数字だけを見ると、従来の「賃労働をする夫＋専業主婦である妻」という性別分業は弱まっていると考えられるかもしれません。ですが、OECD（経済協力開発機構）が2021年にまとめた調査報告によると、日本では、1日あたりの無償労働時間が男性で41分、女性で224分と、男女で約5・5倍の開きがあり、実際には、現在も女性のほうが多くの無償労働を担っていることがわかります。女性の就労率の大幅な上昇もふまえると、このことは、男性＝賃労働、女性＝賃労働＋無償労働というように、性別分業が女性にとってより負担となるかたちで残りつづけていることを示しているのです。さらに、この性別分業の問題は、女性の仕事と家庭の両立を困難にするだけでなく、女性と男性のあいだの経済格差にもつながっています。

この経済格差の原因には、大きく職種ごとの男女の分離と、職場内での男女の地位の分離があげられます。職種ごとの男女の分離とは、たとえば、「男性に向いている仕事」や「女性に向いている仕事」というように、男性のほうが多く働く仕事と、女性のほうが多く働く仕事があるということです。たとえば、業種ごとに見た場合、女性は教育、保育、看護、介護といった医療・福祉分野など、サービス業で多く働いており、男性は製造業、卸売業、建設業、運送業で多く働いています。さらに、女性が多い業種は男性のそれと比較して企業規模が小さい傾向にあり、賃金も低く抑えられています。

一方、同一の職場内での男女の地位の分離とは、男性が部長・課長・係長など、上位の役職に就き、女性の多くは下位の役職に就いているということです。厚生労働省の調査によると、２０２１年の女性の管理職割合は、係長が20・7％、課長で12・4％、部長が7・7％と、上位の役職ほど女性の割合が低くなっています（さらに女性の社長は全体の8・2％です）。これは、先に見た女性が多い業種であっても同様です。教育分野では比較的女性が多く働いていますが、２０２２年の文科省の調査によると、小学校・中学校・高校の校長の女性割合は19％、教頭および副校長では25％でした。一般的に役職が高くなるほど賃金も上がるため、職場内での男女の地位のちがいはそのまま経済格差に直結します。このように、職種の分離というヨコの性別分業と、職場内の地位の分離というタテの性別分業が組み合わさった結果、男女の一般労働者（パートタイムなど短時間労働者以外の者）の賃金格差は10対7と、大きな開きが生じています（２０２２年時点）。

非正規雇用とジェンダー

さらに、この性別分業は、非正規雇用の問題とも密接に関連しています。非正規雇用とは、パートタイマー、アルバイト、派遣社員、契約社員といった雇用期間の定めがある雇用形態のことです。一般的に、正規雇用には転勤などの人事異動をしもないやすく、賃金・手当・福利厚生の面で待遇がよいのに対し、非正規雇用は異動が少ない代わりに、賃金等の待遇が低い傾向にあります。２０１８年の「働き方改革関連法」の成立にともない、２０２０年には、正規雇用と非正規雇用の不合理な待遇格差を禁止する「同一労働同一賃金」が定められましたが、厚生労働省により２０２２年に実施された調査によると、賃金格差は正規雇用を１００とした場合、非正規雇用は66・6と、依然として大きいままです。さらに、この正規雇用と非正規雇用の割合を男女別に見た場合、男性労働者のうち約22％が非正規雇用であるのに対し、女性では約54％が非正規雇用です。「共働きであれば妻が非正規雇用でも問題ない」と思う人もいるかもしれません。ですが、そもそも未婚女性やシングルマザーなど、従来の「男性が女性を養う」という構図にあてはまらない女性が増えるなか、これらの女性は正規／非正規格差のあおりをもろに受けることになります。

もともと戦後日本では、男性が稼ぎ頭として想定されており、日本型雇用慣行である年功賃金（年齢や勤続年数が上がるほど給与が上がる賃金制度）と家族ぐるみの福利厚生も、このような「家族を養う男性」をモデルとして設計されてきました。そうしたなか、非正規雇用は、表向きは「柔軟な働き方を確保する」という目的で、しかし実際には、必要なときに雇い、不要になれば解雇でき、かつ安価な労働力をつくるという目的で、1960年代から積極的に企業に導入され、この非正規雇用に最適な労働者として既婚女性が活用されていきます。その後、1985年に労働者派遣法が成立し、雇用の規制緩和が進むなか、男性のあいだにも非正規雇用が拡大したことで、ようやくこの問題が社会的に認知されるようになりました。ですが、そもそも非正規雇用の背景には、「養う存在」＝男性をモデルにした正規雇用と、「養われる存在」＝女性をモデルにした非正規雇用という、性別分業を前提とした労働条件の設計という問題があることを見過ごすことはできません。

ここまで見てきたように、この社会では、女性と男性に特定の価値や役割が割り当てられ、それにより両性間に社会的な不平等が形成されています。この意味で、ジェンダーは、両性間にマジョリティ／マイノリティという権力関係をつくりだすきわめて構造的な問題であるといえます。ここでは主として家族と労働分野について検討してきましたが、この権力関係は、政治、教育、セクシュアリティ、社会保障などあらゆる領域にまたがっています。

2 「普通」を問い直す

フェミニズムによる「権利のための闘争」

ところで、みなさんは「フェミニズム」という言葉を聞いたことがあるでしょうか。フェミニズムとは、性差別を解消するための運動・思想のことであり、前節で扱ってきたジェンダーという概念も、フェミニズムのなかから生まれてきました。フェミニズムの歴史は、19世紀にまでさかのぼります。18世紀にヨーロッパやアメリカで近代市民革命が起き、それとともに「人は生まれながらに等しく自由」であるという普遍的人権の思想が普及しました。ですが現実には、平等であるはずの「普遍的」人権を女性は否定されていました。先のルソーの思想に見られるような生物学的決定論によって、女性は財産権、相続権、契約の自由、参政権といった近代の市民的権利をもつことを認められていなかったのです。これに対し、18世紀末から、イギリスの思想家であるメアリ・ウルストンクラーフトやフランスの劇作家のオランプ・ドゥ・グージュによる市民的権利を求める活動が生じ、その後、19世紀に入ると、イギリスの「サフラジェット」をはじめとする女性の権利獲得のための運動が本格的に展開されていくこととなります。これが、第一波フェミニズムと呼ばれるものです（「第一波フェミニズム」として整理されるのは、19世紀以降の運動です）。第一波フェミニズムの要求は、主として参政権や財産権など、「市民的平等」でした。ですが、これらの大規模な運動にもかかわらず、女性参政権の実現は、20世紀に入り第一次世界大戦をへるまで待たなくてはなりませんでした（日本ではさらに遅れて第二次世界大戦後の1945年10月です）。さらに、女性と男性は、権利の面では平等になったものの、現実社会における不平等は一向に解消されませんでした。

そこで1960年代末から1970年代にかけて、両性間の実質的平等を要求するフェミニズムが生じます。第二波フェミニズムと呼ばれるこの運動は、「個人的なことは政治的なこと」というスローガンを掲げ、それまで「個人的な問題」とされてきたDV、性暴力、セクシュアル・ハラスメント、妊娠中絶などについて、広くジェンダーにかかわる政治的な問題として提起してきました。たとえば、夫から妻への暴力は、かつて妻に対する夫の懲戒（ちょうかい）権（従わない妻をしつける権利）として法的に認められており、その後この懲戒権の考え方がなくなって以降も、法の水面下で暴力が繰り返されてきました。ですが、近代国家では、社会を市場／公的領域と家庭（セクシュアリティも含む）／私的領域に分けたうえで、後者の私的領域には介入しないとする「公私二元論」の原則のもと、家庭内での暴力の問題が放置されてきました。この原則のもとでは、私的領域は自由で対等な諸個人が営む空間とされ、したがってそこでの暴力は「痴話（ちわ）げんか」という個人的な問題でしかないとみなされたのです。

第二波フェミニズムは、この家庭内の暴力が夫婦間のいびつな権力関係から生じていることを指摘し、それに「ドメスティック・バイオレンス」という名称を与えることで問題化していきました。それと同時に、性別分業がこのような私的領域における権力関係を生み出す要因であると批判し、家庭内における「正義」の実現と市場における経済格差の解消を要求してきたのです。この運動と理論は、社会のすみずみにまで浸透していた性的不平等を明らかにし、これまで「中立性」や「客観性」に権威づけられてきた学問の世界にも問いを投げかけることで、大きな社会的インパクトをもたらしました。

こうした流れに対し、１９８０年代末からのグローバリゼーションによる国家間および女性間の格差の拡大、女性のあいだに存在する「多様な経験」の強調を背景にして、第三波フェミニズムという新たな動きが生じます。第三波フェミニズムについては、論者によってその説明の切り口が異なるのですが、ここではとくに、女性間に存在する「多様な経験」に着目したいと思います。一口に「女性」といっても、そこには、人種、民族、セクシュアリティ、ジェンダーアイデンティティ、障害の有無、経済的階層など、さまざまな立場のちがいが存在し、この立場のちがいが社会的な抑圧の現れ方にもちがいをもたらしています。

この問題についてアメリカでは、黒人フェミニストたちによって、黒人女性がアメリカ社会で被っている特有の差別を表現するために、「インターセクショナリティ（intersectionality）」という言葉が用いられました。インターセクショナリティとは、一方で人種差別という社会的抑圧があり、他方で性差別という社会的抑圧があるなか、これらの抑圧が交差する地点におかれる黒人女性の経験を説明するために考案された概念です。黒人女性が経験している抑圧を理解するためには、たんに人種差別と性差別を足すだけではうまくいきません。黒人女性が経験する抑圧は、人種差別と性差別が連動するなか、黒人男性が経験する人種差別とも、白人女性が経験する性差別ともまたちがったものになっているのです。このような抑圧の連動システムに関する分析は、たとえば在日コリアンの女性や障害のある女性、レズビアンの女性など、人種以外のさまざまな社会的抑圧を被る女性の経験の解明にも通じるものです。第三波フェミニズムは、これらの多様な立場にある女性への抑圧を明らかにする発展的な流れをもたらしました。一方で、「ちがい」に着目する運動は、「女性」というこれまでのフェミニズム運動の共通軸を解体するようにも見えるものであり、欧米でインターセクショナリティの考えが提唱された当初、それに対し反発を示すフェミニストもいました。ですが、インターセクショナリティは、もともと女性たちのあいだにあった抑圧をめぐる緊張関係を表面化したにすぎません。むしろ、それまでの運動が女性のなかの「特定の視点」のみを取り上げてきたことこそが問われなければならないはずです。

この問題について考えるとき、わたしは、「真に変革的な運動はホーム（home）のなかでは起こりえない」という、シンガーであり活動家でもあるバーニス・ジョンソン・リーゴンの言葉を思い浮かべます。「ホーム」とは文字通り「家」のことであり、（現実がどうであるかはさておき）「安らぎの場」の比喩（ひゆ）です。運動体を「ホーム」としておきたいという欲求にかられると、内部の矛盾や利害の対立を無視し、一部の人々――そのなかで最も抑圧の少ない人々――の利益を追求することにつながります。ですが、それらは「公正」という社会正義の実現とはほど遠いものです。立場のちがいを承認し、内部からの批判にも開かれた運動は、居心地のよいものではないかもしれません。

ですが、個々人がその居心地の悪さを引き受けることこそが、真に変革的な運動につながるのだと思います。

なお現在は、セクシュアル・ハラスメントや性暴力の被害経験を告発し連帯を目指す、「#Me too」運動をはじめとする、第四波と呼ばれるインターネット時代のフェミニズムの渦中にあります。このようにフェミニズムは、時代とともに理論や実践方法を変化させながら、性差別という課題に取り組みつづけています。

パートナーシップのなかの「支配」

フェミニズム運動でその解消が求められてきた問題のほとんどはいまだ解消されておらず、そこで培われた社会理論は、現在もなお意義を失っていません。ここではその一例として、DVをはじめとするパートナーシップに潜む「支配」に関するフェミニズムの分析を見ていきましょう。DVとは、先述のように、婚姻関係や内縁関係のなかで生じる暴力ですが、このような暴力は交際関係にも存在しています。この交際関係内部で生じる暴力を「デートDV」といいます。デートDVには、身体的暴力、精神的暴力、経済的暴力、社会的暴力、性的暴力という五つの暴力が含まれます（DVも同様）。ひとつ目の身体的暴力とは、叩く、蹴る、髪を引っ張る、物を投げるといった行為です。ふたつ目の精神的暴力とは、たとえば、「バカ」や「ブス」という、「女のくせに」や「男のくせに」と決めつける、服装を制限する、大声で怒鳴る、気に入らないことがあったら無視をする、「別れたら死ぬ」といって脅すことなどです。3つ目の経済的暴力とは、デートの費用を出さない、お金を返さない、バイトをやめさせるなど、経済的自由を制約することです。4つ目の社会的暴力とは、友人や家族と会うことを禁止する、携帯電話の連絡先を管理する、部活をやめさせる、居場所を逐一報告させるなど、相手の人間関係を制限することです。5つ目の性的暴力とは、性的行為を強要する、裸の写真や性行為を撮ることを強要する、アダルトビデオを無理やり見せる、アダルトビデオの行為を強要する、避妊をしないなどです。本来であれば、交際関係であっても、おたがいの意思や自由は尊重されなくてはなりません。ですがデートDVのなかでは、この5つの暴力が組み合わさり、相手をコントロールする力として働きます。

デートDVについて講義をすると、よく「デートDVとそうでない恋愛関係の境目は？」と質問されますが、その関係がデートDVかどうかは、どちらか一方の意思だけが、その関係のなかで力をもっているかどうかを考えるとよいと思います。たとえば、本当は望んでいないことであっても、「きらわれたくない」がゆえに、相手ばかり優先してしまうような関係は危険です。たとえ恋愛関係にあっても、自分、そして相手が本当は何を望んでいるのか、そのつどていねいにコミュニケーションをとることで確認していく必要があります。

このようなデートDVは、当事者のみにかかわる「特殊な問題」ではありません。むしろデートDVは、社会における「普通の恋愛」観と深くかかわっています。たとえば、「俺の女に手を出すな」という発言は、魅力的な恋人のセリフとして恋愛ドラマやマンガによく出てきますが、このセリフの背景にはパートナーを「所有物」としてとらえること、すなわち「支配」の観念が潜んでいます。このほかにも、「束縛は愛の証（あかし）」「交際と同時におたがいのプライバシーはなくなる」「好きなら全部受け入れて当然」「少し強引なほうが男らしい」といった恋愛観が、メディアのなかで繰り返し描かれています。ですが、これらの観念はすべて、「支配」を「愛」に読み替えるものです。問題は、このように「普通の恋愛」観がすでに「支配」をはらんでおり、さらにこの「支配」が「愛」へと変換されていることなのです。ですから、デートDVを考える際には、それを容認・促進するような、社会における「普通の恋愛」観それ自体を問う視点が欠かせません。フェミニズムが追及してきたのは、まさに、このような「普通の恋愛」観に組み込まれている「支配」の論理だったのです。

「自立」の称賛から「依存」の承認へ

ここでは最後に、ジェンダーと「自立」というテーマについて考えてみたいと思います。「自立」の意味についてはさまざまな次元で考えることができますが、ここではいったん、「他の援助や支配を受けず、自分の力で判断したり身を立てたりすること」という『広辞苑（第6版）』の定義に従います。すでに見てきたように、性別分業が組み込まれた社会では、男性は経済的な「自立」を達成しやすい反面、女性は経済的に「依存」しやすい構造があるなか、自立の達成における格差が問題となります。ただし、ここで注意したいのは、現在の日本の労働環境のなかで経済的自立を達成するためには、多くの場合、過酷な長時間労働に耐えなければならないということです。さらに、このような長時間労働は、他者の無償労働の下支えの上に成り立っています。つまり、現在の長時間労働社会で経済的自立を達成するためには、誰かに無償労働を負担してもらわなければならないのです。よく経済的平等の要求に対し、「ならば女も男並みに働け」という声があがりますが、これは問題をはきちがえています。なぜなら、問われているのは、このように家庭生活を犠牲にしなければ経済的自立が達成されないような非人間的な労働者モデルと、それを前提に設計されている現在の労働環境だからです。

また、そもそもとして、「自立」を目指さなくてはならないのか、あらためて考える必要があるでしょう。たしかにフェミニズムは「自立」を求めてきましたが、それは、性差別/権力関係における不当な「支配」への抵抗として、でした。すなわち、問題となっていたのは、性別という属性を理由に強いられてきた「依存」であり、そのことと、人間が生きていくうえで避けることのできない「依存」の否定はイコールではないはずです。

「人は何にも依存せず、自立して生きていくことができる」というのは幻想です。人は性別にかかわらず、誰もが電気・水道・鉄道・情報通信などの社会インフラをはじめとする、さまざまなモノや制度に依存しています。さらに、誰もが乳幼児期には他者のケアに依存し、また、たとえ今はケアを必要としない人でも、病や事故、老いにより、将来的にケアを必要とする可能性をもっています。「自立」を称賛する社会は、他方で「依存」という人間のもうひとつの側面を否定します。現代社会における「依存」の否定は、「自立」の裏返しである自己責任論とセットになり、「依存」をことごとく個人化し、そのケアを家庭に押し込める政治的な動きにつながっています。さらに、このような「自立」を称賛することの問題点は、そこで「普通」とされている人間像が、依存／ケアという側面を排除した、きわめて超人的な個人であることです。誰もが尊厳をもって生きていける社会をつくるためには、性差別による「支配」を解消すると同時に、これまでの人間像における「普通」をつくり変えていく必要があります。

フェミニズムによるジェンダー概念を通した社会の見方は、性別に関する「普通」や「当たり前」を問い直す大きな力をもっています。それだけでなく、この力は、そもそも「人間とはどのような存在なのか」という社会の根本的なあり方にかかわる問いにまで発展する潜在力をもっているといえるのです。

ジェンダーを通じて社会を考えるということ

冒頭でも記したように、わたしはジェンダーに出会って、それまで自分が経験したさまざまな「生きづらさ」を、ジェンダーという視点から問い直す大きなきっかけを得ました。それは、それまでわたし自身がかけつづけていたジェンダーの色眼鏡を外すことであり、ジェンダーによる抑圧のない「自由」な世界を想像する希望の作業でもありました。ただ同時に、この作業には痛みもともないました。なぜ痩せようとしたのか、DVの関係性にとどまろうとしたのか、性暴力被害を経験したのかを考えるためには、当時の苦しみに再度向きあう必要があったからです。また、それは、わたし自身が内面化していたジェンダー、そして性差別的な視点を問い直すことでもありました。

誰もがジェンダーから「自由」でない以上、ジェンダーを通じて社会を考えることは、自分自身を問うことでもあります。わたしが経験したように、そこには痛みや葛藤をともなうかもしれません。ですが、それでもなお、ジェンダーを通して「当たり前」を問うことには意義があるはずです。その際、一人では難しければ、誰かに相談してもいいし、向きあえるタイミングを待つのもひとつの手かもしれません。ジェンダーはひとつの大きな社会システムですが、そのシステムを動かし、持続させているのは、わたしたち一人ひとりでもあります。みなさんそれぞれが自分のペースで、ジェンダーを通じて自分自身、そして社会を考え、行動していくことが、やがて社会の大きな変化につながるはずです。

（松岡千紘）

後編 性的マイノリティの存在から、社会と自分の関係を考える

はじめに

わたし（吉野）はトランスジェンダーです。大学入学と同時に、戸籍に記載された性別で生きることをやめました。

今、ひとことで「やめました」と述べましたが、女性や男性という性別を「やめる」とは、どういうことだと思いますか？　もしかしたら一人称や服装を変えること、外見の印象が変わるホルモン投与や手術を受けることなどが思い浮かぶかもしれません。しかしそれは、あくまで個人的な範囲の話です。個人が見た目を変えたくらいでは、それまでの性別をやめたり変えたりすることを社会は認めてくれません。わたしがトランスとしての生活を始めて、実感したのはそういうことです。人間関係ならば差別しない相手を選んでつきあうことができますが、社会の仕組みや決まりごとからは逃れることができません。春先の健康診断、毎日使うトイレ、成績表の性別欄、一つひとつ突きつけられるたびに、性別は社会との関係のなかで成り立っているのだと思い知らされました。ならば、社会のほうを変えていくしかありません。わたしはやがて、大学の環境を変えるための取り組みを始めました。先輩たちに教えられながら学生自治会の仕組みを使って意見をまとめ、大学との交渉を進めるなかで、トイレの改善や通名通学、健康診断への配慮などを実現させていきました。

20年ほど前はトランスジェンダーという言葉も一般的でなく、「ＬＧＢＴ」の語がメディアに取り

上げられることもありませんでした。トランス当事者が公の場所で活動するのもめずらしいことでしたが、少なくともわたしのまわりではよい変化が起こっていました。

転機が訪れたのは23歳のときです。わたしは身体の一部を変えるために、「性同一性障害」を専門に診るジェンダークリニックで手術を受けました。しかし医療事故に遭(あ)ってしまい、病院の対応に納得がいかなかったので裁判をすることにしたのです。原告としての活動と研究を両立するために、わたしは日本の「性同一性障害」やトランスジェンダーをとりまく法律や医療についての論文を書きはじめました。調べていくうちにわかったのは、社会の仕組みや決まりごとが、トランスジェンダーの人生全体に大きな影響を与えているということです。

現在ではトランスジェンダーだけでなく性的マイノリティ全般のことが広く知られ、「ＬＧＢＴ」という言葉も頻繁(ひんぱん)に見かけるようになっています。そのため社会は性的マイノリティを受け入れていると感じるかもしれませんが、実際にはまだ偏見が残っており、権利の面でも平等ではありません。基本的な知識を確認しながら、性的マイノリティがおかれている状況をより広い視野から考えてみましょう。性的マイノリティの当事者も、この本を手にとっているでしょう。自分の思いと似ている部分やちがう部分を比べながら、自分で表現するとしたらどのような言葉になるか、考えてみるのもひとつの読み方です。そして、自分とはちがうマイノリティがどうやって存在しているかにも目を向けてみてください。

1　社会のなかの性的マイノリティ

性的マイノリティとは何か

はじめに、このパートで何度も言及することになる性的マイノリティについて説明します。性的マイノリティとは読んで字のごとく、性のあり方において少数派の人々のことです。性的指向（どんな性を好きになるか／ならないか）によって少数派となる場合もあれば、ジェンダーアイデンティティ（自分をどんな性だと認識しているか）によって少数派となる場合もあります。誤解されがちですが、性的マイノリティと「ＬＧＢＴ」はイコールではありません。「ＬＧＢＴ」は、レズビアン・ゲイ・バイセクシュアル・トランスジェンダーの頭文字をとった言葉ですが、これ以外にもさまざまな性的マイノリティがいます。

レズビアンは女性の同性愛者、ゲイは男性の同性愛者。バイセクシュアルは、性的に惹かれる相手が異性・同性を問わない人のことです。トランスジェンダーは、生まれたときに医師が判断して割り当てた性別と異なる性を生きている人や、生きようとしている人を指します。「ＬＧＢＴＱ」という表記を見かけることもあるかもしれません。Ｑはクィアの頭文字で、広い意味では性的マイノリティ全般を指します。もともとは差別語でしたが、当事者が逆手にとって使用することで意味を変えていきました。性に関する規範や制度から確信をもってはみ出していく、はみ出すことで生きていくという政治的なスタンスとしてクィアを表明する人もいます。Ｑをクエスチョニングとして用いる場合もあり、性的指向やアイデンティティを決めない、決められないという立場のことです。これらは性的マイノリティのなかで顕在化する機会が多いため、便宜的にまとめて表現することで「社会のなかにこういう層がいますよ」と示しているのです。

メディアではよく「ＬＧＢＴ当事者が」という使い方をしていますが、その範囲がどのようなものかを考えると、より適切な表現がわかってきます。はっきりとゲイです、レズビアンですと表明している人については、そのまま「ゲイであることをオープンにしている○○さん」「レズビアンだとカミングアウトした○○さん」というほうが正確です。多くの当事者がかかわるパレードなどについては、「ＬＧＢＴをはじめとする性的マイノリティが参加する○○のイベント」とするほうが、現実を表しているといえるでしょう。

性的マイノリティはなぜカミングアウトするのか

トランスジェンダーであることを周囲に伝えたとき、わたしはホルモンを投与したり、手術を受けたりしていたわけではありませんでした。見た目の性別と戸籍の性別がくいちがっていて困る、という状況ではなかったのです。それでもカミングアウトしたのは、「外見から得られる情報でわたしの性別を判断しないでください」といいたかったからです。社会には、見た目に関する多くのジェンダー規範があります。がっちりした体型なら男性、曲線的な体型なら女性。髪が長めなら女性、短めなら男性。スーツにネクタイを締めていれば男性、スカートをはいていれば女性。ジェンダー規範は学校や家庭の教育のなかでかたちづくられ、経験をもとに強化されていきます。そうして蓄積されたデータを組み合わせながら、わたしたちは無意識のうちに他者の性別を判断しているのです。本人が何かいわないかぎり、ジェンダー規範に照らし合わせて性別を判断するという行為は、ごく一般的なもので問題はないと考えられています。わたしは望まない性別として扱われることを避けるために、カミングアウトする必要があったのです。

「カミングアウト」や「カムアウト」は、今でこそ「ちょっとした秘密を告白する」程度の意味でも使用されていますが、その語源はアメリカの同性愛コミュニティで用いられていた「coming out of the closet」から来ています。自分の性的指向を隠していた状態から、それを打ち明けて「クローゼットから出てくる」ということです。この言葉には、ときにいのちが危険にさらされるリスクを引き受けながら、権利獲得のために闘ってきた人々の歴史が含まれています。たとえばハーヴェイ・ミルク（1930〜1978年）は、アメリカでゲイであることを公表してはじめて議員になり、同性愛者の教員を解雇できる法案を破棄するなどの成果をあげました。しかしその後、同僚によって射殺されています。ですから本来は、性的マイノリティがそれを公表したときに用いるのが望ましい言葉です。有名人が何らかの性的マイノリティであることをカミングアウトすると、インターネット上に「別にいわなくてもいいのに」「わざわざニュースにしなくていい」というようなコメ

図1　社会は性のあり方が多数派の人に向けてできている

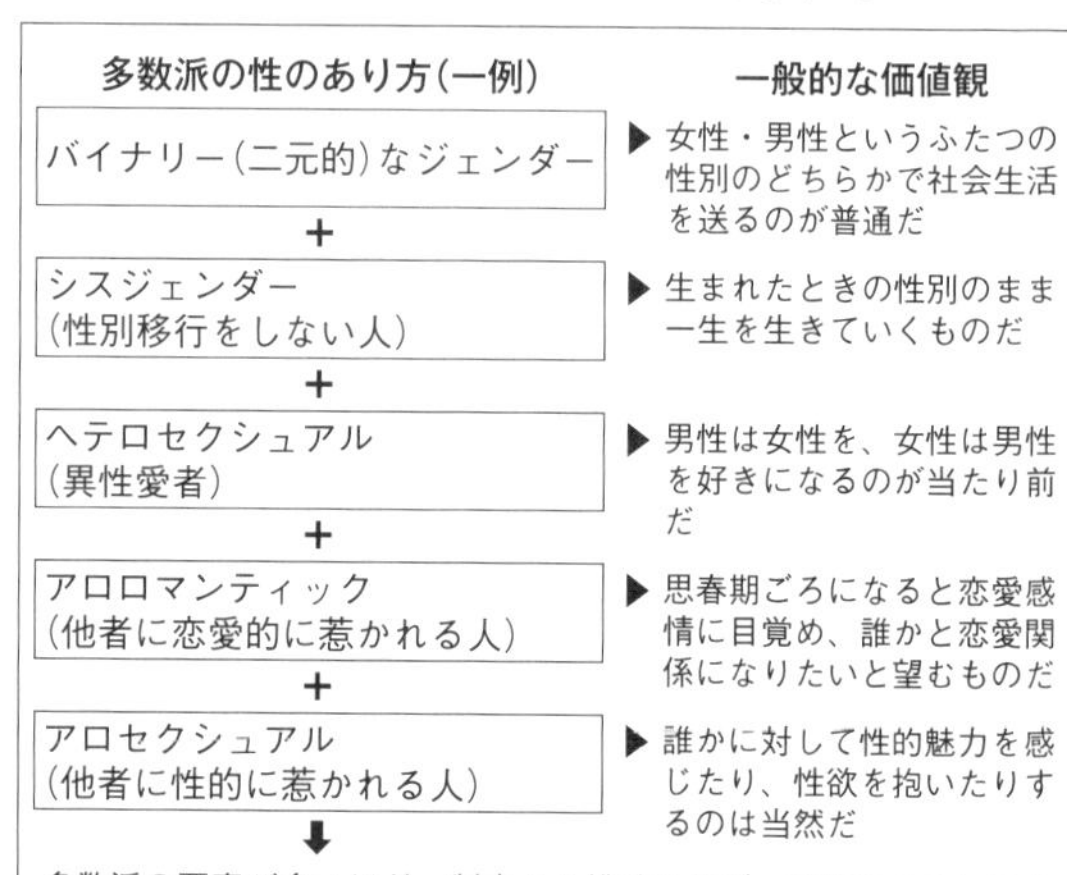

ントが書かれることがあります。しかし当事者は、目立ちたくてカミングアウトするわけではありません。社会に合わせて自分を偽（いつわ）ったり、望まない扱われ方をされたりすることにがまんできなくなって公表することがほとんどです。

　性的マイノリティはなぜ、「社会に合わせる」という状況に追い込まれてしまうのでしょうか。簡単にいうと、社会は性のあり方が多数派の人々に向けて設計されているからです。図1は、マジョリティの性のあり方の一例と、社会に広く流通している価値観について示しています。まず存在しているのは、性別はふたつだということと、人は生まれたときの性別を変更せずに一生を過ごすものだという考え方です。戸籍謄本、保険証、パスポートなどの身分証明書類には、男性か女性のどちらかが記載されています。自分を女性とも男性とも思っていない人たち（ノンバイナリー、Xジェンダーなどの呼び方があります）のために、いくつかの国では性別を特定しない身分証明書を発行していますが、日本ではまだ対応していません。また法律は長いあいだ、さまざまな手段で性別を変更して生きる人たちについても想定していませんでした。2003年になって「性同一性障害」（これは精神疾患の名前です。身体的には健康な人を合法的に手術する理由として病名がつけられましたが、現在この名前を使っているのは日本だけで、WHOでは「Gender Incongruence／性別不合」といういい方をしています）と診断された人のための法律が整備されたので、戸籍上の性別は変更できるようになっています。しかしそこには5つの要件があり、生殖能力を失う手術を受けることも課されています。国から一方的に、「こういう身体だったら男性／女性として認めてもよい」という条件がつけられている状態です。生殖能力を失う手術については、2023年10月に憲法違反であるという最高裁の判断が示されました。身体に大きな影響が及ぶ手術を、本人の意思に反して受けさせることは権利の侵害であるというのが理由です。これによって実際の法律も見直されることになりますが、引き続き、手術を受けたい人のための医療の充実も必要です。現在、専門病院の数は限られていて簡単にアクセスすることができませんし、多額の費用もかかり、手術の満足度に対する検証も足りていません。このように、生まれたときの性別を変更しないシスジェンダーの状態が普通だという前提にもとづいて、社会の仕組みや価値観は構築されています。

好きになる相手や性行為の相手は異性なのが当然だという考え方も、社会では非常に幅をきかせています。同性愛はお笑いのネタや創作の要素として、当事者の実態と離れたところで消費されつづけてきました。そうした文化を指して、日本は同性愛に寛容だという意見が出ることもありますが、実際のところ同性愛者は婚姻の平等すら手にしていないのです。これまで多くの同性カップルが、さまざまなかたちで権利の平等を訴えてきました。２０１９年からは「Marriage For All Japan 結婚の自由をすべての人に」が、法律上同性のカップルが結婚できないことは憲法違反だとする訴訟をおこなっています。自治体のパートナーシップ制度では、相手が亡くなったときの相続などに対応できないため、同等の権利とはいえません。社会の仕組みや価値観は、異性愛を前提につくられているのです。これと関連して、人間はみな恋愛やセックスに興味があるというのも、根強い考え方です。「男女が一晩同じ部屋にいて何も起きないわけない」というような言葉は、異性愛だけでなく性愛の存在を当たり前だと考えているから出てくるものといえます。

この社会では、性のあり方が多数派であればあるほど、快適に過ごすことができます。女性か男性のどちらかであることに苦痛を感じず、生まれたときの性別のままで生活し、異性愛者で、恋愛やセックスに興味のある人たちのための仕組みがあらかじめ用意されているからです。マジョリティの価値観と社会の価値観はおおむね合致するので、まわりの環境を空気のように自然に感じることもできます。だから、自分の性のあり方をわざわざ他者に説明しなくても不都合がないのです。マジョリティにまぎれることができるからこそ性のあり方を秘密にしておく当事者がいて、それが自分を守る場合もあります。ただ、性別を変えないのが普通、異性愛が当然などの規範に沿って扱われることを拒むための手段として、性的マイノリティがカミングアウトを必要とすることがあるのです。

悪人が差別をするわけではない

マジョリティとしての性のあり方が自分の軸になっていて、まわりにもそれが通用すると思っていると、そのつもりがなくても差別をしてしまうことがあります。気をつけたいのは、「死ね」とか「キモい」のような強い言葉だけが差別ではないということです。たとえば、同性愛全般が「趣味」として扱われていた時代があり、現在でも『そっちの趣味はない』といういい方が残っています。レズビアンの女性が「まだ本気で好きになれる男に会ってないだけじゃないの？」「男性とつきあってみれば変わるよ」といわれることもあります。異性愛が中心にあって正しいものだという前提があると、異性愛以外の性的指向を遊びのようにみなすことや、最終的には異性愛に「戻る」だろうという考え方につながってしまいます。また、ゲイの男性が「男が好きなのはいいけど、俺のことは襲わないでくれよ」、バイセクシュアルの人が「男と女、両方いけるんでしょ？」とからかわれることもあります。人間には豊かな内面があるにもかかわらず、誰とつきあうのか、誰とセックスするのかばかりをクローズアップするのは、性的マイノリティを好奇心の対象としてとらえているからではないでしょうか。異性愛者に対しては聞かないことを同性愛者には聞いてしまえるとしたら、自分とはちがう存在として切り離し、尊重していないからです。

Aセクシュアルや A ロマンティックの人たちも、こうした発言をされがちです。Aセクシュアルは他者に性的に惹かれない人、Ａロマンティックは他者に恋愛的に惹かれない人を指します。恋愛や性愛は、社会で常に注目を集めるテーマです。恋愛ドラマや恋愛マンガが大量に供給され、セックスも描かれます。マッチングアプリや幸せなカップルを映したテレビＣＭも、頻繁に目にします。社会全体で、恋愛や性愛に対する肯定的なメッセージを発信しているのです。その価値観が刷り込まれていると、Ａロマンティックの人に「恋愛しないとか人生損してない？」「誰か紹介しようか」といったり、Ａセクシュアルの人のことを「セックスしないのは消極的なだけ」「過去に性的なトラウマがあるのだろう」と決めつけたりするかもしれません。恋愛や性愛の存在を「正常」と位置づけていると、そこから外れたものは欠損や未熟さという「異常」だと考えてしまいがちです。

トランスジェンダー当事者を誉めるつもりで、「元男性とは思えない、本当の女性より女性らしい」とか、「元女子なのに、生まれつきの男子よりイケメンだね」などという人がいますが、これも女性や男性の典型的な見た目や行動様式、つまりジェンダー規範を基準にした言葉です。「本当の女性のように」きれいなスタイルだ、気が利く、かわいい声だ、というとき、そこであげた要素は、はたしてどれだけの女性にあてはまるものでしょうか。「生まれつきの男子のように」キリッとしている、たくましい、堂々とふるまっている、というとき、その要素はどれだけの男性に共通しているでしょうか。トランスジェンダーの外見や言動から過度にジェンダー規範を読み取ったり、逆にジェンダー規範から外れている部分をわざわざ探したりするのは、トランスジェンダーが男性や女性という枠にきちんとはまっているか、「適応」できているかをチェックしようとする視線なのです。

多数派の性のあり方を「中心」、「正常」、「こちら側」と位置づけて価値があるものとし、それ以外のものを「周辺」、「異常」、「あちら側」としてとるに足らないと考えることを、シスジェンダー中心主義（シスセントリズム）、異性愛中心主義（ヘテロセントリズム）と呼ぶこともできます。多くの人が共有する考えについては検証の機会が少ないので、そこにもとづいた発言を差別だと感じるのは、自然とマイノリティ側にかたよります。何気ない発言を差別だと指摘されたらショックを受けたり意外に感じたりするかもしれませんが、それは自分が差別に気づきにくい構造のなかにいるということなのです。それまで疑わずに受け入れていた価値観はどんなものなのか、そのなかでは誰が有利な立場で誰が不利な立場なのか、振り返ってみましょう。

2　学校のなかの性的マイノリティ

性的マイノリティが学校で感じるつまずき

この本を読むみなさんの多くは学校で長い時間を過ごしていると思いますが、「学校は社会の縮図だ」という言葉を聞いたことがあるかもしれません。たしかに学校では、社会のさまざまな仕組みを学ぶことができます。生徒会役員を選ぶときに投票というかたちの民主主義を経験したり、仲

図2　学校にある「つまずき」の要素

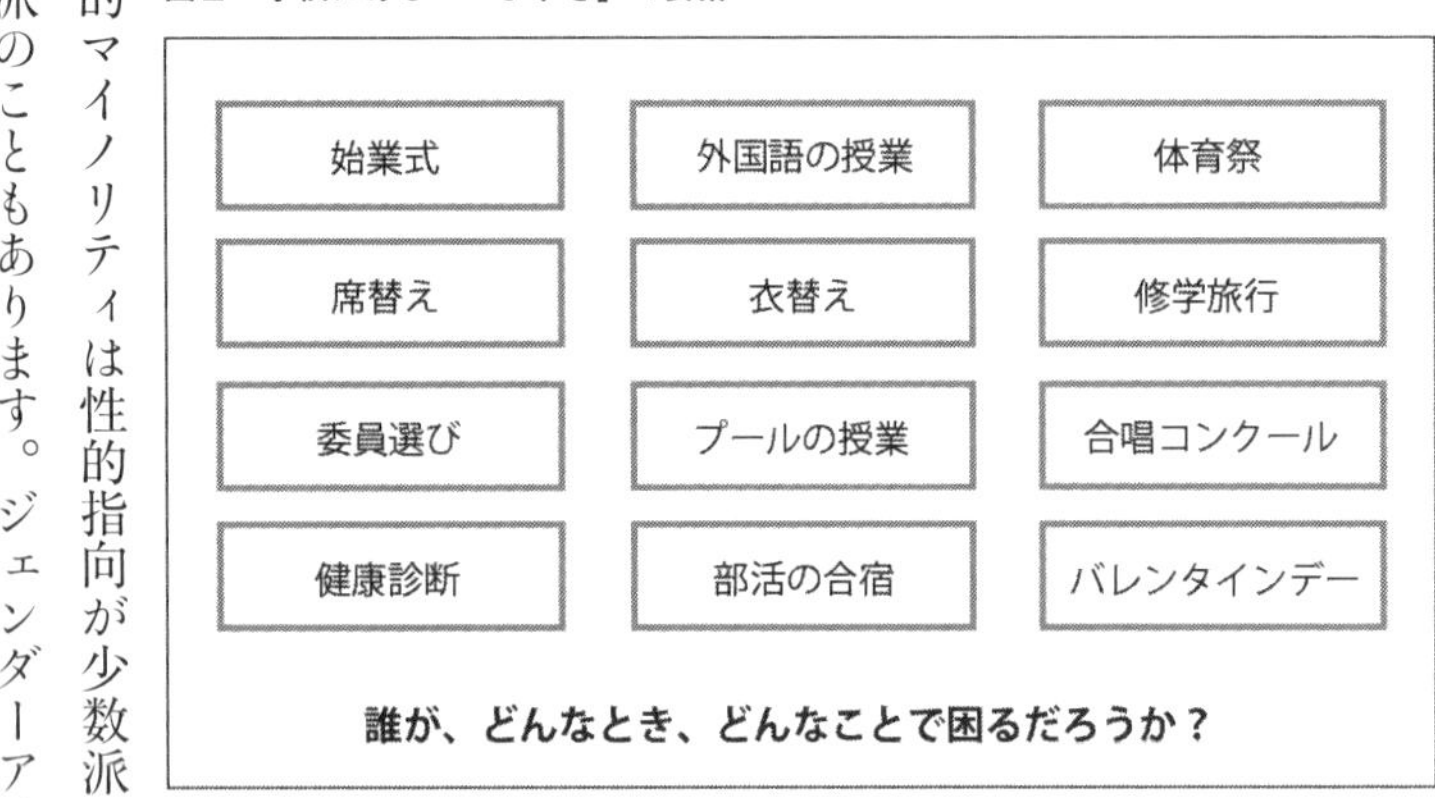

の良くないクラスメイトとも一緒の教室にいられる「社会性」を試されたりします。文化祭などの行事では、イベントを企画して予算を管理し、お客さんを集めるために広報をがんばるということもあるでしょう。部活への取り組みでは、目標を定めて計画的に練習し、達成感や挫折を味わう人もいます。しかし学校が社会の縮図である以上、そこには、今まで述べてきたような多数派の価値観も同時に存在しています。

　学校にはさまざまなマイノリティがいます。障害のある生徒、外国ルーツの生徒、家庭環境が複雑な生徒、貧困層の生徒、それぞれがちがう場面でちがう困難に直面しています。それでは、性的マイノリティの生徒が感じる困難はどのようなものでしょうか。図2では、学校の出来事や季節の行事のなかで、性的マイノリティがつまずきやすいものをいくつか選んで示しています。前に述べたとおり、性的マイノリティは性的指向が少数派のこともあれば、ジェンダーアイデンティティのもち方が少数派のこともあります。ジェンダーアイデンティティについて悩む生徒は、自分はトランスジェンダーかもしれないと考えたり、望まない性別で扱われるのをつらく感じたりしているかもしれません。制服は最もわかりやすく性別を示すものなので、いやいやスカートやズボンをはいて通学している人もいるでしょう。体育祭の種目や合唱コンクールのパート分けでもはっきりと男子・女子が分かれるものがあり、学校によっては始業式や席替えの列も性別で分かれています。自分の身体のかたちに違和感をもっている場合は、水着になるプールの授業や、健康診断でも苦痛を感じがちです。とくに男子生徒として扱われている場合は、女子生徒よりも着替える場所などに配慮がないこともあります。見落とされやすいのは、英語など外国語の授業です。日本語では「彼女」や「彼」をあまり使わないかもしれませんが、授業では会話の練習があり、性別を示す代名詞を使う機会が増えます。部活の合宿や修学旅行では、入浴の時間や部屋割が大きな問題です。大浴場に入るのを避けて部屋のシャワーで済ます当事者もいるかもしれません。

宿泊をともなう行事で困るのは、性的指向が異性でない生徒も同様です。カミングアウトをしていなくてもまわりからなんとなく同性愛者ではないかと思われている場合や、本人が望まないかたちで周囲に知られている場合は、「一緒に風呂に入るの嫌だな」とか、「隣に寝るけど襲わないでよ」などといわれてしまうおそれがあります。バレンタインデーは学校の行事ではありませんが、恋愛を意識させる季節のイベントがあるときは、好きな相手や告白、デートなどが話題にのぼります。レズビアンやゲイの生徒は異性愛が前提の話題に無理をして合わせたり、好みのタイプを聞かれたときに嘘をついていやな気持ちになったりということがあります。彼氏や彼女がほしいという話題が盛り上がっているときは、Ａロマンティックや Ａセクシュアルの生徒も疎外感を感じるでしょう。

トランスジェンダーの困難はなぜ「めんどうくさい」のか

こうして見ていくと、何か気づいたことはないでしょうか。学校生活のなかでトランスジェンダーが感じるつまずきは、誰かが差別をやめればいいとか、トランスジェンダーのことを学んで認識を変えればいいとか、個人的な対応の範囲で解決できるものではありません。冒頭で述べたように、性別が社会の仕組みと不可分に結びついている以上、仕組みそのものを改善する必要があるのです。教室にいる数人の先生だけでは、学校のなかの決まりや長く続いてきたやり方を見直すことはできません。職員会議を開いたり教頭や校長の決定が必要だったり、場合によっては教育委員会に相談が必要だったりします。そのため、トランスジェンダーが抱える困難は「めんどうくさい」と思われてしまいがちなのです。

めんどうくささを感じる理由は多くの場合、解決に「コスト」がかかるからです。仕組みを変えるために話しあうとしたら、事前に勉強をしたうえで何度も会議を重ねることになります。ある程度の人数が動くことにもなるでしょう。更衣室を改修する、ユニバーサルトイレをつくるという話になれば、まとまったお金も必要になります。ここでは常に「少数の人間のために時間・労力・お金などのコストを払うことが割に合うのか」という計算がはたらき、割に合わないとみなされれば仕組みはそのまま維持されます。トランスジェンダーにかぎらず、多くのマイノリティの困難も同じ理屈で見過ごされてきました。

しかし、コストを負担するのは社会の側だけなのでしょうか。実はトランスジェンダーの側も、生きるうえで多くのコストを請け負っています。ここまでに説明したとおり、この社会は性のあり方が多数派の人にとっては生きやすいものです。トランスジェンダー当事者は、自分の存在が想定されていない社会をサバイブしているといえます。トランスジェンダーであることをカミングアウトする場合は、いつ、どうやって、どのような方法でカミングアウトするかについて、すべて自分で計画しなければいけません。「性別を移行しないシスジェンダーであることが普通だ」という規範にもとづいたコミュニケーションのなかでは、それを聞き流すか、反論するかという決断が頻繁に求められます。トランスジェンダーであることを明らかにしたらしたで、手術したか、身体はどうなっているかなど、シスジェンダーならばけっして聞かれないような質問に対応する場面もあります。学校や仕事先など所属するコミュニティで不便を感じたときは、新しい方法を提案したり、決まりを変えられないか交渉したりという調整を引き受けなければなりません。そうした生活はストレスの多いものなので、精神的に調子を崩す当事者も少なくありませんが、トランスジェンダー特有の悩みについて相談できるカウンセラーや精神科医は限られています。そのため自分をケアする方法も、自分自身で確保しておく必要があります。自分の性のあり方を説明させられたり、証明を迫られたりするのは常にトランスジェンダーの側で、それらはすべて、社会からの要請があって発生しているコストなのです。

昨今、「ノイジーマイノリティ」「声の大きい少数者」などの言葉とともに、マイノリティの要求の価値をおとしめ、社会における優先順位が低いかのように印象づける物言いがあります。ノイジーマイノリティは本来、たんに「目立つ少数の意見」を意味し、社会的少数派を示すものではありません。ただ日本でこの言葉が使用されるときは、「権利を主張する過激な社会的少数派」「なんでも問題化したがるクレーマー体質の社会的少数派」という意味合いで使う人も多く、マイノリティの要求を抑制しようとするものです。しかし、同じ社会にいながら同じ条件で生きられないことに対して声をあげるのが、過剰な要求であるわけはありません。トランスジェンダーが望むのもまた、「シスジェンダーと同等のコストで生活できる社会」です。障害者運動のなかでもいわれてきたことですが、より多くの人が利用しやすい施設や包括的な制度をつくれば、マイノリティのみならずマジョリティもその恩恵を受けることができるのです（これは事実ですが、「少人数のためにコストを払っても社会側の割に合いますよ」というアピールをきれいにラッピングしたいい方です。本当はこのような前置きがなくても、「めんどうくさい」要求が実現されるのが理想です）。

かたちだけを変えるのではなく

トランスジェンダーの生徒が感じる困難を解決するために、学校では実際にどんな取り組みがおこなわれているのでしょうか。代表的なものとして思い浮かぶのは「ジェンダーレス制服」かもしれません。制服を製造する代表的な会社である「トンボ」や「カンコー」でも、ウェブサイトにジェンダーレス制服のページを設けています。どちらの会社も「性の多様性」という言葉を用いつつ、男子は詰襟（学ラン）、女子はセーラー服というイメージに囚われないブレザーやスーツを提供しています。ネクタイやリボン、スカートやスラックスなどのアイテムを自由に組み合わせられる学校もあれば、性別問わずスラックスを標準のスタイルとする学校もあることが紹介されています。トンボのサイトでは少し突っ込んで、トランスジェンダーの生徒の存在を強調しすぎると、当事者だと思われることをおそれて好きな制服を着られなくなる可能性についても述べています。

難しいのは、女子として扱われている生徒がスラックスを選ぶのは容易でも、男子として扱われている生徒がスカートを選ぶのはかなりハードルが高いということです。女子生徒がスラックスをはくときは、防寒や動きやすさを理由にすることもできますが、男子生徒の場合はどうでしょうか。スペインでは2020年に、15歳の男子生徒がスカート姿で登校して退学処分を受け、心理カウンセラーのもとに送られるという出来事がありました。スカートをはいたのは「フェミニストや性的マイノリティを応援したい」「なんとなくスカートをはきたい気分だった」という理由だと伝えられています（当時は本人のＴｉｋＴｏｋにスカートをはいた理由について投稿があったそうですが、現在は削除され「スカートをはいて応援してくれたみなさん、ありがとう」という投稿が残っています）。男子生徒が退学処分について公にすると、先生や多くの生徒が性別を問わずスカートをはいて登校し、抗議活動に発展しました。ある男性教員は、むかし性的指向が理由でいじめられたとき先生から見て見ぬふりをされたことを思い出し、スカート姿の写真をＳＮＳに投稿して問題提起をおこないました。特定の状況においては、ジェンダー規範による圧力のかかり方が性別によって大きく変わります。この場合は、男子として扱われる生徒がスカートをはくことが精神的なトラブルと結びつけられたうえ、学校という社会の規範に反すると判断されたので退学処分にいたったのです。同様にアクセサリーやメイクなど身体を装飾する行為についても、男子生徒がおこなうほうが問題行動としてみなされやすい、周囲をぎょっとさせてしまう傾向があるといえるでしょう。「男子っぽい女子生徒」よりも「女子っぽい男子生徒」のほうが、「オカマ」や「ホモ」としていじめの対象になりやすいこととも共通しています。これらの背景には、「女性的」とされるもの全般の価値が社会的に低く、軽んじてもよいという女性嫌悪（ミソジニー）が存在する場合もあります。女装コンテストは笑いが多くて盛り上がるけど、男装コンテストは別に笑えないという事例を考えるとわかりやすいでしょう。メディアでも、「女装」の芸能人には笑いや「いじり」がつきものです。

制服をはじめ、学校生活のなかで性別を突きつけられずに済む選択肢が増えれば、トランスジェンダーの生徒にとって助けになります。ただ、ジェンダーレスの制服や体育着を導入することは、トランスジェンダーの生徒を尊重することとイコールというわけではありません。制服が変わっても、健康診断が個別に受けられるようになっても、実際の生活に偏見が存在したままでは意味がありません。社会の仕組みと個人の意識は、車の両輪として一緒に変わっていくのが大切なのです。これは、社会が変化していくあらゆる場面についていえることです。そしてわたしたちは、選ぶべき選択肢がないときには選ぶこと自体を拒否したり、新たな選択肢をつくったりすることもできます。

3 自分の手札をどう使うか

人生について、「置かれた場所で咲きなさい」「配られたカードで勝負するしかない」などの言葉を聞いたことはないでしょうか。潔い(いさぎよ)ように聞こえますが、これらは与えられた条件を受け入れて生きていかなければならないという意味です。図3は、現在の日本社会で有利になりやすい属性、不利になりやすい属性の一部を示したものです。有利な属性が多ければ人生は「イージーモード」に、不利な属性が多ければ「ハードモード」になりやすいという傾向があります。いわゆる有名私立の学校や一流企業には、有利な属性をより多くそなえた人が集まります。そうやって社会はいくつかの集団に分かれ、それを階級、階層と呼ぶこともあります。

有利な属性をもてばもつほど、社会では強い立場に立つことになります。これは一部の政治家や

図3　日本社会ではどのような属性が有利にはたらくのか

有利になりやすい属性	不利になりやすい属性
富裕層	貧困層
高学歴	低学歴
身体障害がない	身体障害がある
精神障害がない	精神障害がある
持病がない	持病がある
発達特性がない	発達特性がある
男性	女性
シスジェンダー	トランスジェンダー
二元的なジェンダー	非二元的なジェンダー（ノンバイナリー、Xジェンダーなど）
ヘテロセクシュアル	レズビアン、ゲイ、バイセクシュアル
アロセクシュアル	Aセクシュアル
アロロマンティック	Aロマンティック
日本国籍	非日本国籍
日本語が第一言語	日本語が第一言語ではない
安定的な家庭環境	不安定な家庭環境

経営者だけにあてはまる話ではありません。たとえば、身体に障害がない人には移動の自由があります。介助者なしに簡単に出かけることができ、ユニバーサル対応かどうかを気にせず施設を利用できます。耳が聞こえたり目が見えたりする人は、災害などの緊急時にも複数の方法で情報を手に入れることができます。日本国籍をもっていれば選挙権があって、アパートを借りるときも滅多に断られません。生まれたときから日本語に接している人は、役所の手続きから日常のゴミ捨てまで、必要な情報を簡単に知ることができます。生活に不便を感じる機会が少ないということは、それだけ強い立場にあるということなのです。こうした状況に対して、マイノリティ側が「強い立場でないとこういうふうな苦労がありますよ、気づいてね」と発信し、行政や企業が「こうだったらどうですか」と応じる場合があります。その結果を見て、マイノリティへの行き過ぎた配慮だとか、マジョリティへの逆差別だという反応が出てくることもありますが、それは妥当でしょうか。

2023年6月に、「性的指向及びジェンダーアイデンティティの多様性に関する国民の理解の増進に関する法律（LGBT理解増進法）」が施行されました。背景には、同性カップルが賃貸物件への入居を断られたり、戸籍上の性別と見た目がくいちがうトランスジェンダーが職場で不当な扱いをされたりという現実があります。当事者団体は「理解増進」ではなく「差別禁止」を求めており、一部の野党も差別禁止を明示した法案を提出していました。しかし、実際に成立した法律では「差別は許されない」という部分が「不当な差別はあってはならない」に変更され（不当でない差別などあるのでしょうか？）、あくまで性的マイノリティへの理解を呼びかけるだけの内容になっています。もちろん、罰則もありません。成立までの過程では、自民党の会合で「（性的マイノリティは）種の保存にあらがってやっている」「差別があったら訴訟となれば社会が壊れる」という発言があったことも報じられています。首相秘書官が記者に「（性的マイノリティは）僕だって見るのもいやだ。隣に住んでいるのもちょっといやだ」と述べたことも、批判を浴びました。それなのに、法律には「全ての国民が安心して生活することができることとなるよう、留意する」という一文も付け足されてしまったのです。「全ての国民が安心して生活することができる」ために性的マイノリティが気をつけるべきこととは、なんでしょうか。目立たずにひっそりと、多数派に配慮して生きろという意味に受け取る人がいても、仕方のない書き方です。

性的マイノリティがうるさいせいで、映画やゲームにそういうキャラクタが増えた！という意見も、しばしば見かけるものです。たしかに最初は戸惑うかもしれませんが、性的マイノリティはこれまでもずっと、同じ社会に生きてきました。日本での割合は、調査によってややズレがあるものの10％弱と見られるので、生きていれば（カミングアウトしている人とは限りませんが）そのうち出会うのが自然です。その現実が、やっと映画やゲームにも反映されはじめただけなのです。とくに、将来の目標となるロールモデルが少ないマイノリティにとっては、創作のなかに自分と同じような属性をもつ人物が登場し、活躍するのは非常に勇気づけられるものです。アメリカの有名レーベルである「マーベル」「ＤＣ」では、コミックスや映画のなかで、人種的マイノリティや性的マイノリティ、ろうの当事者などをヒーローとして登場させています。一方で、性的マイノリティのキャラクタであるとはっきりいわずに匂わせ、あやしさや謎めいた要素として利用することをクィアベイティングといいます。もしかして自分たちのことを描いているのかも、と当事者を期待させ、釣る行為だからです（「ベイト」はエサの意味）。

もしこの先、性的マイノリティへの差別を禁止する法律ができたとしても、より多くの創作作品に性的マイノリティが登場するようになっても、それでマジョリティに影響が及んだり、損をしたりということはありません。「うちの会社では性的マイノリティを雇いません」と宣言するなど明らかな差別をすれば法律に触れることになるでしょうが、そうでないかぎり、これまでと変わらない生活が続くだけです。こういった社会の変化は、有利になりやすい属性と不利になりやすい属性の差を埋めるためのもので、有利な側から何かをうばって不利な側に与えるわけではないからです。同性婚が実現しても異性愛者の結婚には影響しませんし、トランスジェンダーのための医療が充実してもシスジェンダーの医療が後退したりはしません。

勘(かん)ちがいしないでほしいのですが、強い立場であること自体が悪いといっているのではありません。強ければ手を差し伸べられないということでもありません。人間が困難に出会うときは複雑な要素がからみあっているので、「あいつはいい大学に入ってるから、親に虐待されてるけど助けなくていいよね」「難病だけどお金持ちだから自分でなんとかできるでしょ」という具合に、単純なプラスマイナスで計算するわけにはいかないのです。要は、自分がどんな手札をもっているかを認識し、有利になりやすい属性があれば適切なときに役立てる責任を果たすということです。一例としては、次のようなことです。

- お金の余裕があるシスジェンダーの人はトランスジェンダーの団体にカンパをする。
- 日本国籍がある人は在日外国人への差別や、入管での暴力に反対する。
- 障害がない人はイベントのときアクセシビリティの確保に気をつける。

ほかに思いついたことがあれば、ぜひ行動に移してみてください。いつかあなたが行き詰まったときには、誰かが果たした責任によって助けられるでしょう。

（吉野靫）

おわりに

ここまでの内容をふまえて、最後にトランスジェンダー当事者への差別について取り上げます。お茶の水女子大学が２０２０年度からトランスジェンダー女性を受け入れると表明したことや、２０２３年のＬＧＢＴ理解増進法の公布・施行にともない、ネットをはじめとしたさまざまなところでトランスジェンダーの人々（とりわけトランス女性）への攻撃が激化しています。バッシングの多くは、「身体が男でも『心が女だ』といえば女湯に入ることができる」「トランス女性と女装の性犯罪者の見分けがつかなくなる」といった憶測やデマにもとづいて、風呂・トイレなどの女性専用スペースにおける「女性の安心・安全」と「トランスジェンダーの権利」を対立構造でとらえるものです。たしかに、女性の性暴力被害の割合は男性に比べて高いものです。しかし本当に性暴力をなくしたいのであれば、人口の１％未満しかいないトランス女性を目の敵にするのではなく、加害者にならないための性教育や関連する法律の見直し、罰則の強化など、仕組みを見直したほうがはるかに現実的です。そもそも、トランス当事者は「女性／男性専用スペースを使うこと」を求めているのではありません。性別移行や戸籍上の性別を理由にいじめや差別を受けないこと、健康に生活する基盤をもつことなど、平等な社会参加の機会を求めているのです。人生すべてにかかわる問題を風呂やトイレだけの話にすり替えるのは、トランス当事者の実情を無視したものです。また、トランスジェンダーの人々の権利保障と性犯罪を結びつけることは、当事者の尊厳を踏みにじり、さらに追い詰めることにもなります。

　トランスジェンダーをはじめ、性的マイノリティの人が直面する困難には、両性に割り当てられたジェンダーがかたちづくってきた社会秩序が大きく影響しています。「女とはこうあるべき」「男であればこうあるべき」という生物学的決定論（運命論）は、性のあり方が多数派の人々にも生きづらさをもたらしていますが、これらの規範がなくなればすべてが解決するわけではありません。男らしさや女らしさの抑圧とは別に、ジェンダーアイデンティティや性的指向、恋愛感情のもち方などが少数派であることは、その人がおかれる状況を大きく左右します。個人がもつ「有利な属性」と「不利な属性」は社会のなかで複雑にからみあっているので、当然ながら「女性」や「同性愛者」が、ほかの属性をもつ人を差別することもあります。大切なのは、自分とちがう背景をもち、ちがうところに立っている他者の声を聞いて想像力をはたらかせること、誰かを困難に追い込んでいる原因について複数の方向から考えるくせをつけることです。この〝授業〟が、その営みを助ける力になることを願います。

最後に質問

Q1 学校、部活、塾、習い事など、あなたが所属するコミュニティには、ジェンダーにもとづく不平等があるでしょうか？　また、性的マイノリティの存在は想定されていますか？　マジョリティ中心の構造を解消していくために、あなた自身が取り組めることはなんでしょう？

Q2 男性に割り当てられるジェンダーが「男性自身」を追い詰めるのはどのような場合でしょうか？「男らしさ」としてのジェンダーが否定的な影響をもたらすのはどんなときでしょうか？

Q3 ジェンダーにもとづく不平等と、そのほかのマイノリティ性にもとづく不平等はどのようにかかわっているでしょうか？

Q4 「女とか男とか関係なく自分らしく生きればいい」という意見について、どう思いますか？　「自分らしく生きる」ためには、どんな環境が必要でしょうか？

Q5 性のあり方がマジョリティの人へ。自分の権利がうばわれるわけではないのに、性的マイノリティが権利を獲得することに不安や恐怖を感じる人たちがいます。それはなぜだと思いますか？

さらに学びたい人のために――図書紹介

❖**木村涼子・伊田久美子・熊安貴美江編著『よくわかるジェンダー・スタディーズ』**ミネルヴァ書房、2013年

総勢72名の執筆者によるジェンダー学習の入門書。網羅的なトピックの解説により、辞書感覚で使用できる。

❖**ベル・フックス著（里見実監訳）『学ぶことは、とびこえること――自由のためのフェミニズム教育』**ちくま学芸文庫、2023年

アメリカのブラックフェミニストである著者によるフェミニズム学習の入門書。フェミニズムをより深く知りたい人向け。

❖**ダイアン・J・グッドマン（出口真紀子監訳）『真のダイバーシティをめざして――特権に無自覚なマジョリティのための社会的公正教育』**上智大学出版会、2017年

教育者向け。ジェンダーに限らず、「有利な立場にある」とはどういうことなのか理解するための実践内容が多数紹介された1冊。

❖**遠藤まめた『みんな自分らしくいるためのはじめてのLGBT』**ちくまプリマー新書、2021年

性的マイノリティの若者支援に長く携わる著者が、身近な出来事と解説をまとめた入門編と

しての1冊。

❖ジェローム・ポーレン（北丸雄二訳）『LGBTヒストリーブック——絶対に諦めなかった人々の100年の闘い』サウザンブックス、2019年

アメリカの歴史を中心に、性的マイノリティの権利獲得の歩みを学べる。著名人の紹介や写真も多数。

❖アシュリー・マーデル（須川綾子訳）『13歳から知っておきたいLGBT+』ダイヤモンド社、2017年

約40名の性的マイノリティのインタビューを通して、アイデンティティを決めつけないことや尊重することを学ぼう。よりくわしく知りたい人向け。用語集も収録。

（松岡千紘・吉野靫）

第2限

わたしたちのまわりで広がる貧困

——非正規雇用、生活保護、野宿

はじめに――ぼくが出会った貧困問題

ある中学3年生からこう聞かれたことがあります。

私は前からずっと思っていることがあります。それは、なぜ金持ちと貧乏に分かれるのかということです。なぜ平等ではないんでしょうか?

みなさんだったら、どう答えるでしょう。たしかに、世の中にはすごいお金持ちもいれば、生活に困っている貧乏な人もいます。どうして、そんなちがいがあるのでしょうか。そして、それは正しいことなのでしょうか。

これから、日本の貧困のさまざまな現実を見ながら、この問題を考えたいと思います。ぼく(生田)の経験から、そのなかでもとくに野宿や生活保護、そして「子どもの貧困」を中心にお話ししていくことになると思います。

ぼくが貧困や野宿の問題にはじめてかかわったのは1986年、京都にある同志社大学の2年生のときでした。

テレビを見ていると、大阪市にある「釜ケ崎(かまがさき)」というところで、建築・土木の仕事をする「日雇労働」の人たちが、毎晩２００～３００人も野宿しているようすを映していました。日雇労働者は仕事を探すため、毎朝5時前から釜ヶ崎の「センター」に行きます。うまく仕事が見つかった人は、車に乗せられて現場に行きます。そこで１日仕事をして、仕事が終わると１日分の賃金を渡されて終わり、という「１日だけ雇われる」、とても不安定な仕事をしていました。

ただ、番組で映されていた年末年始は日雇労働の仕事が少なく、たくさんの労働者が仕事がなくて困っている状態でした。日雇労働者の多くは釜ヶ崎にある、１泊１０００円ほどの簡易宿泊所で暮らしていますが、仕事がなくなると部屋代を払えなくなり、たちまち野宿になってしまいます。このように、釜ヶ崎には「不安定な仕事→失業→貧困→野宿」という問題があったのです。

テレビを見ていると、真冬なのに、釜ヶ崎のまわりでは３００人近い労働者が路上で野宿して、なかには70歳を超えた人、ケガや病気で働けない人などもいました。そのため、釜ヶ崎では毎年３００人ほどの人が餓死、凍死、病死などで路上死しているということでした。

釜ヶ崎では支援者による「夜まわり」があって、野宿の人たちに声をかけて食べ物を渡したり、高齢や病気の人など放っておけない人は施設に来て宿泊してもらっていました。そして、働けない場合は施設に入ってもらったり、ケガや病気の人には、無料で行ける「大阪社会医療センター」を紹介していました。

それを見て、ぼくは「日本にも、こんなところがあるんだ」とすごくびっくりしました。アフリカなどで多くの子どもや家族に家がなく、飢えや病気で死んでいることは知っていましたが、同じ日本、それも電車で１時間半ぐらいの距離のところにそういう世界があるということをまったく知らなかったのです。

その番組を見てから釜ヶ崎について調べはじめ、4月に釜ヶ崎の支援施設のひとつ「喜望の家」に行きました。そこで、街を案内してもらい、釜ヶ崎についての説明を受けました。そのとき、釜ヶ崎は日本社会が抱える労働、差別、貧困、医療、福祉の矛盾が集中する「日本の縮図」、という言葉が印象に残りました。

それからは、京都から釜ヶ崎に通って、夜まわりをして野宿の人たちに声をかけ、その後、役所や病院に同行して、生活保護を申請したり入院してもらったり、というボランティア活動を始めました。大学後半の2年間は、京都にいるより、釜ヶ崎にいるほうが長かったです。

１９８８年に卒業したとき、どうしようか考えたんですが、「同じ生活をしないとわからないこともあるだろう」と思って、釜ヶ崎の近くに住んで、建築・土木の日雇労働を始めました。そして、近所の「山王（さんのう）こどもセンター（釜ヶ崎キリスト教協友会）」にボランティアやアルバイトで行き、地元の子どもたちともかかわるようになりました。

こうして、ぼくは野宿の人たちのようすを見て、釜ヶ崎にかかわるようになりました。ところが、それから12年たって１９９８年になると「日本列島総不況」といわれる大量の倒産や失業が起こりました。そして、工場の労働者、サラリーマン、教員など多くの職種の人たちが全国各地で野宿するようになりました。まるで「釜ヶ崎の全国化」のようなことが起こりはじめたのです。

そして、それとともに、釜ヶ崎で深刻だった「子どもの貧困」という問題も、全国で大規模に起こりはじめました。

1　2020年代の「子どもの貧困」

２０２０年、「こども食堂」は全国で７３６３か所になりました（２０２１年度は６０１４か所・認定ＮＰＯ法人全国こども食堂支援センター・むすびえの報告）。「こども食堂」とは、子どもが無料や低額で食事できる食堂のことです。食事の提供だけでなく、孤立している子どもの支援、地域交流の場づくりなど、さまざまな活動をおこなうところもあります。「こども食堂」が増えているということは、日本の多くの場所で、子どもたちが飢えや栄養不足、孤立に苦しんでいるということを意味しています。

「こども食堂」が始まったのは、２００７年の武蔵野台（むさしのだい）児童館（東京都福生（ふっさ）市）の「子どものための炊（た）き出し」のようです。最初の炊き出しには、保護者や地域の人を含めて１４０人ほどが集まり、２５０食分の豚汁、お米5キロ分のおにぎり、唐揚げ１８０個、ゆで卵１００個などを提供しています。ぼくは、２００８年12月の児童館の炊き出しに参加して、館長さんたちからお話を聞きました。

（館長）わたしたち職員がこの児童館に来て、何に一番驚いたかというと、給食がない土曜日とか日曜日とか夏休みには、9時の開館と同時に子どもたちがやってきて、1日中児童館で過ごしているんですね。お昼の時間にご飯を食べに帰るかと思いきや、全然もう「食べたからいい」とか「おなかがすいてないからいいんだ」っていう子どもたちが多くて。とにかく、1日中児童館で過ごす数の多さに驚きました。もしかしたら、本当に朝も昼もご飯を食べてない。

家にも帰ってない子もいました。「どこで寝てんの」って聞いたら「学校の校庭」とか。蚊取り線香とキンチョールがいつもカバンのなかに入ってて。お風呂に入らないから、デオドラントスプレーみたいのをバンバンふりかけて、児童館がその匂いでいっぱいになってました。

この児童館はアメリカ軍基地の近くにあって、館に来る子どもの親の3割近くがペルー人、タイ人、フィリピン人、アメリカ人などの外国人でした。また、鬱（うつ）など精神疾患のある母親とのふたり暮らしなど「母子家庭の貧困」が集中しているようにも感じました。ぼくは釜ヶ崎周辺の子どもたちの同じようなケースを見てきたので、同じことがほかの地域の子どもたちにも起こっていることに驚きました。

そして、それからさらに18年たち、こうした「食事できない」「家が居場所にならない」子どもたちが全国で激増しているのです。

日本の子どもの貧困の深刻さを示す「子どもの相対的貧困率」は2021年に11・5%で、先進国で最悪になっています。なお、「相対的貧困率」とは、ひとり世帯で124万円、ふたり世帯で175万円、3人世帯で215万円、4人世帯で248万円の「手取り収入」に満たない世帯の割合です（厚生労働省、2023年の報告）。とくに、「ひとり親」世帯は相対的貧困率が44・5%と、ほぼ「2分の1」の子どもが貧困状態です。

2022年に、貧困状態の子どもたちを支援するNPO法人キッズドアが、食糧支援を申し込んだ家庭にアンケート調査をしています。そこでは、「必要な栄養を取れていない」という回答が70%、「暖房をつけないようにしている」が73%にもなりました。ほかに、「物価上昇により、日々の食費をまかなえなくなり、病院に行くこともできません」「子どもたちは穴のあいた靴下をはいて、学校に行きます。親として申し訳ないです」という声も寄せられています（大図解「子どもの貧困はいま」『東京新聞』2023年6月18日）。

ぼくがかかわっている山王こどもセンターの子どもたちの貧困も深刻です。そのなかには、たとえば、「夏休みになると給食がなくなるので、昼ご飯を食べることができない」「親が精神疾患の影響で金銭管理が難しく、ガス・電気がたびたび止まる」「親やきょうだいの世話や家事をひとりでしていて、自分のことができない」（「ヤングケアラー」といわれます）、そして「部活動はお金がかかるので入部できない」「友だちとカラオケや外食するお金がないので、友だちづきあいが難しい」「大学進学は経済的に無理だといわれている」という子どもたちがいます。

豊かな家庭なら、親がお金を出して、子どもが塾や習い事に通い、高校進学や大学進学も何の不自由なくできるでしょう。それなのに、塾や習い事に行けず、友だちとのつきあいにもお金がないので苦労し、進学したいのに就職するしかない子どもたちもたくさんいます。

これが「子どもの貧困」の問題です。そして、社会人になった「若者の貧困」も深刻化しています。

2 若者の貧困の背景――ひとり親・虐待・奨学金・発達障害

ぼくは、支援団体「野宿者ネットワーク」などで、さまざまな人たちから生活相談をボランティアで受けています。そのなかで、SOSを求める30代以下の若い人たちが増えてきました。

相談があると、まずその人とじっくり話して事情を聞きます。生活困窮になる直接のきっかけは「失業」「ケガ、病気」「DV」などさまざまですが、話を聞いていると、共通する背景があることに気づきます。「ひとり親」「虐待」「奨学金」「発達障害」です。

たとえば、ケガや病気で仕事ができなくなって、生活費や家賃がなくなったとき、「実家にしばらく帰った」「親にお金を借りていた」という話はよく聞きます。親に余裕があればそうして、しばらく生活できます。でも、「うちは母子家庭で、今母が生活保護を受けています」という人だと、家に戻ることは難しくなります。親に余裕がないし、生活保護の家庭に若者が住むことを役所はなかなか認めないからです。

また、「虐待」や育児放棄などで親と関係が断絶していて、家族の助けが得られない人もいます。相談に来た人に「実家に帰るのは無理ですか」と聞くと、「わたしは小さいころから父親に殴る蹴るの暴行を受けてきました。あの家には死んでも帰りません」「兄の暴力がひどく、母は薬物依存で、とても帰れません」といった話を聞くことがあります。また、たとえば性的マイノリティの人は、家族がその人の生き方を理解してくれず、そのため関係が断絶していることもあります。

そして、相談に来たかなりの人は「奨学金」を借りています。今、大学生の２人に１人が奨学金を借りている状態です。また、貧困な家庭の高校生の４割が奨学金や教育ローンを利用した経験があります（認定ＮＰＯ法人キッズドア、２０２３年の報告）。奨学金の平均は３００万円以上で、社会人になってから月１万５０００円ぐらいずつ、15年ほどかけて返していくというパターンが多いです。ただ、非正規雇用など収入の低い仕事しか見つからなかったり、いろいろな事情で仕事を失うなどで、奨学金の返済に困るケースが起こっています。

さらに、相談者で最近多いと感じるのが、発達障害や精神疾患のある若者です。その場合、聴覚過敏、嗅覚過敏、対人関係の困難がある場合が多く、それまでの生活でも「生きづらさ」を抱えています。

大阪で野宿になった人から相談があったとき、釜ヶ崎近くの１泊２５００円程度の（狭いけれどきれいな）ホテルに、野宿者ネットワークで宿泊費と食費を出して数日泊まってもらうことがあります。多くの場合、ホテルに案内すると、「部屋に泊まれて助かりました。寝場所がなくて、本当に困っていました」と感謝されます。

でも、聴覚過敏や嗅覚過敏がある場合、こうした部屋が「耐えられない」といわれることがあります。たとえば嗅覚過敏で、部屋の臭いが気になって部屋にいることすらできない、聴覚過敏で、隣の部屋の物音が気になって一睡もできない、ということがあるからです。

貧困や野宿になる若者には、こうした「ひとり親」「虐待」「奨学金」「発達障害」という背景をもつ人が多くいます。もちろん、これは本人の責任ではありません。ただ、こうした問題をもつ人たちを、日本の社会はサポートできていないのです。

3 「子どもの貧困」は「女性の貧困」と「社会の貧困」

「子どもの貧困」の話をしましたが、それはもちろん「子どもの稼ぎが少ない」ということではありません。「親の収入が少ない」そして「子どものために使われる社会のお金が少ない」という「大人（とくに女性）の貧困」と「社会の貧困」の問題です。

日本の「子どもの貧困」の特徴のひとつは、「働いても貧困」という「ワーキングプア」の家庭の子どもが多いことです。さっき触れたように、日本の「ひとり親」世帯の相対的貧困率は44・5％で先進国で最悪レベルですが、シングルマザーの就労率は86・3％（２０２１年調査）で世界トップクラスで働いています。なぜ、こんな奇妙なことになるのでしょう。

大きな理由は、シングルマザーは「非正規雇用」が多いために収入が少ないからです。日本全体の「非正規雇用」の比率は１９９０年では20・０％でしたが、２０２２年には36・９％へ激増しました。正社員は、「終身雇用」といって60歳や65歳などの「定年」まで働くことがよくありますが、パート、アルバイト、派遣社員、契約社員、嘱託などの「非正規雇用」は、日雇労働者のように１日単位、週単位、年単位などしか仕事が保証されません。忙しいときは使われ、そうでないときは解雇される、つまり「使い捨て」されやすいのです。

そもそも、非正規の賃金は、時給が正社員の６〜７割にしかなりません。正社員は、会社が半分の費用を負担して、健康保険や雇用保険（失業保険）などの「社会保険」に入ることができます。でも、「非正規雇用」の人は「社会保険」の加入条件が厳しいため、なかなか入ることができません。健康保険や雇用保険などを、何かあったときに生活を支える意味で「セーフティネット」（安全網）といいますが、日本は非正規労働者へのセーフティネットが少ないことが大きな問題なのです。

以前の日本では「正規雇用」が大多数でした。でも、経済界は１９９０年ごろから「同じような仕事をしていても賃金が安い」「短期間で解雇できる」「社会保険料を負担しなくてすむ」非正規雇用をどんどん増やしていきました。そのほうが企業にとって都合がいいからです。その結果、釜ヶ崎の日雇労働者のような「不安定雇用→失業→貧困→野宿」という問題が日本全体に広がっていきました。
よく「生活に困るのは、その人に努力が足りなかったからだ」という人がいます。貧困になるのは、本人の「自己責任」だから助ける必要はないということです。でも、「非正規」が増えたのは本人の責任ではなく社会の責任です。

譬（たと）えでいうと、「いす取りゲーム」で、いすが３つで参加者が５人いるとします。音楽が止まると全員がいすに座ろうとしますが、当然、３人が座れて２人がいすを取れません。

いすを取った人は「わたしは人よりがんばった。だからいすが取れたんだ」と考え、いすを取れなかった人は「努力が足りなかった。いすが取れなかったのは自分の責任だ」と思うかもしれません。ここで、いすを「仕事」や「正規雇用」と考えます。仕事がなくなったり非正規の仕事しかなくなるとどうしても貧困状態になりやすくなります。

では、この「いす取りゲーム」で、参加者全員が今の１００倍の努力で走りまわったらどうなるでしょう。当然３人しか、座れません。みんなが今の１００万倍がんばって走りまわったとしても、誰かがいすを取ればそのぶん誰かがいすから落ちるので、いすを取れる人数には何の変わりもないからです。つまり、いすを取れるかどうかは「個人の努力の問題」ではなくて、いすの数と人間の数の問題、つまり「構造的な問題」なのです。

「非正規」の仕事が増えたのは、社会全体の「構造的」問題といえます。しかも、非正規雇用は特定の人たちに集中していました。まず第一に女性です。

2021年の非正規の労働者は、男性652万人、女性1413万人です。非正規雇用の女性は「男性の2〜3倍」という状況がずっと続いています。

そもそも、女性は正規雇用でも男性より賃金がかなり低いという問題があります（くわしくは、第1限・前編「1．ジェンダーって何だろう?」参照）。平均月給を見ると、正社員は男性35万3600円で女性27万6400円、非正規は男性24万7500円で女性19万8900円で、ぜんぜんちがいます（「賃金構造基本統計調査」2022年）。これには、トップや管理職には男性が多いのに女性は「補助」する仕事をまかされがちという背景があります。夫婦の場合、夫がおもに稼いでいるから女性は低い賃金でもいいはずだ、という偏見も反映しているようです。

また、シングルマザーはひとりで子育てや家事を担うので、時間が比較的自由になるパートなどで働くことが多く、そのため収入が低くなりがちです。「子どもの貧困」の大きな要因がここにあります。その意味で、「子どもの貧困」は「女性の貧困」といってもおかしくないと思います。

ただ、家庭の収入は、働いて得る「所得」だけではありません。国は、子どものために「児童手当」「児童扶養手当」などを家庭に出しています（「家族関連社会支出」といいます）。その額（GDP［国内総生産］比）は、スウェーデンが3・40%、イギリスが3・24%、フランスが2・85%、ドイツが2・39%、そして日本が1・73%（内閣府、2022年報告）となっていて、先進国では日本がとても少なくなっています。子どもを育てるとき、日本の家庭は国から支援が少ないので、自己負担が多くなる、ということです。

「教育に対する公的な支出」も大きな問題です。その額（ＧＤＰ比）は、経済協力開発機構（ＯＥＣＤ）のデータのある国で、２０１６年も２０１８年も日本が「最下位」で、２０１９年にようやく「37か国中36位」に上がりました。

たとえば、大学などの「高等教育を受ける学生の私費負担の割合」は日本が67％で、ＯＥＣＤ平均の31％の2倍以上です。つまり、子どもが大学などに行くとき、ほかの国より日本の家庭はたくさんのお金を負担する必要があります。そのために「奨学金」のような借金をしなければならず、「子どもの貧困」がより厳しくなるのです。

4　ロスジェネ世代・高齢者・障害者・外国人の貧困

女性のほかにも、非正規雇用が集中した人たちがいました。「団塊ジュニア世代」（だいだい１９７１〜１９７４年生まれ。２０２４年で50代前半にあたる。１９４７〜１９４９年生まれの「団塊の世代」の子ども）の人たちです。「ロスジェネ世代」「就職氷河期世代」ともいわれます。この世代の人たちは、バブル経済が終わった１９９１年の不景気以降に高校、大学を卒業しましたが、そのころ企業が新規の採用を一気に狭めたため、多くの人が仕事に就けなかったり、非正規の仕事にしか就けなかったのです。

景気が回復すると、高校・大学新卒者の就職率は改善しましたが、いったん無職や非正規雇用になった団塊ジュニア世代の人たちは、なかなか正規雇用に就くことができませんでした。そのため、「不安定雇用→失業→貧困→野宿」という問題が集中することになったのです。

非正規で働きつづける団塊ジュニア世代の人たちは、貯金が少なく、老後にもらえる「年金」も少ないため、経済的に大きな不安を抱えています。しかも、親世代の「団塊世代」が２０２０年代に70代に入っているので、親の介護も問題になっています（なお「年金」とは、現役時代に払いつづけたお金を高齢になってから受け取る制度で、国民年金や厚生年金など国による「公的年金」と、企業や個人が加入することができる「私的年金」があります）。

高齢者や障害者の貧困も深刻です。「金融資産がない」つまり、貯金がなく生活が厳しい、と答えたひとり暮らしの人の割合は、60代で28・８％、70代で25・１％でした（金融広報中央委員会、２０２１年の報告）。「年金」などの収入が少ないため、高齢者がギリギリの生活しかできていないということです。

また、日本の「障害者の貧困率」は先進国のなかでは高く、障害のある人の相対的貧困率は、障害がない人のほぼ2倍で、４人に１人以上が貧困におちいっています（20〜39歳では28・８％、40〜49歳は26・７％、50〜64歳は27・５％。山田篤裕慶應大教授などの研究グループが、２０１３年に実施した国民生活基礎調査のデータを分析）。そもそも障害者は働ける場が少ないし、働いても賃金が安く、さらに障害年金（病気や障害によって日常生活や仕事などが制限される場合、国から支給される）などが先進国のなかでも低い、というのがおもな要因です。このため、障害のない人との経済格差が大きくなっているのです。

そして、これから大きな問題になる「外国人の貧困」があります。みなさんの近くにも、たくさんの外国人が暮らしているかもしれません。ぼくのいる釜ヶ崎の近くでも、日本語学校や外国人向けの専門学校が次々とつくられ、ベトナム食材店やモスク（イスラム教の礼拝堂）などができています。

日本では約３０８万人（２０２２年末）の外国籍の人々が暮らしていて、日本の人口のおよそ40人に１人（２・５％）が外国籍の人です。とくに増えたのが留学生や技能実習生です。

「技能実習制度」は、外国人が日本で学んだ技能を母国に持ち帰るための制度で、最長5年間、働きながら技能を学びます。ただ、建設業や製造業など、人手不足が深刻な職場が多く、技能実習生は違法な低賃金で長時間働かされたり、賃金が支払われなかったり暴力を受けたりするケースが続きました。おもにこうした問題のため、２０２１年に職場から逃げ出した実習生は７０００人にもなりました。

以前、ＮＰＯ法人「移住者と連帯する全国ネットワーク代表理事」の鳥井一平さんを招いて学習会をおこないました。鳥井さんがかかわった外国人の労働問題のケースには、「賃金未払い」「強制帰国」「時給３００円」「暴力・パワハラ被害」「長時間労働」「セクハラ被害」などがあったそうです。技能実習制度では、自分の意思で雇い主を変えることができず、苦情をいうとビザをうばわれ自分の国に強制送還されることがあります。外国人労働者の立場がこのように圧倒的に不利なため、悲惨な問題があとを絶たないというお話でした。

では、なぜ外国人労働者が増えているのでしょうか。

日本は世界に例がないような「少子高齢化」のため、人口が急激に減りつづけています。当然、働く人の数も減りつづけ、政治家や経済界の人たちは「外国人に日本に来て働いてもらう必要がある」と、外国人労働者を大量に受け入れる制度をつくってきました。

こうして、日本はヨーロッパやアメリカと同じような「移民国家」になりつつあります。でも、政府は「移民政策をとるのではない」といっています。どういうことかというと、国は外国人労働者を「即戦力」「人材」として扱っても「日本社会の一員」として認めようとする意識がないということです。一言でいえば、日本は外国人労働者を（かつての日雇労働者と同じように）「使い捨ての労働力」として扱いたいのです。

日本の貧困問題は深刻ですが、もしかしたら、最も深刻な立場にいるのは外国人かもしれません。外国人には技能実習生や非正規労働者が多いですし、さらに「在留資格」（後述）がないなどで健康保険が適用されず、ケガや病気をしても病院に行けない（行くと全額負担、あるいはそれ以上の金額になる）人が10万人以上もいるからです。

しかも、外国人が生活に困ったとき、「最後のセーフティネット」の生活保護がなかなか使えません。生活保護法は「国が生活に困窮するすべての国民に対し」と、適用を日本人に限っているからです（なお、国民年金法、児童手当法などでは「国籍条項」が削除され、今の社会保障制度で「国民」

に限っているのは生活保護だけです）。その一方、「国民の義務」の「納税」については、多くの外国人にも所得税や住民税を負わせているので、不公平な話といえます。

このため、外国人の生活保護は「権利」ではなく「準用」という扱いになります。しかも、「準用」されるのは「永住者など」「特別永住者（第二次世界大戦前から引きつづき日本に住んでいる在日韓国人、朝鮮人、台湾人、そしてその子孫）」「認定難民」などで、外国人のほぼ半数は生活保護を最初から認められていません。なお、日本で生活保護を受ける外国人は全体の3・3％（2021年）で、ドイツの37・8％、フランスの12・4％、スウェーデンの59・4％と比べると全然ちがいます。

そして、日本には、さまざまな理由（難民申請者、逃げ出した技能実習生、もっていた在留資格を失った人など）のため、合法的に日本に滞在するための「在留資格」がない外国人が7万人以上（2023年）います（なお、日本では、在留資格のない外国人についてよく「不法滞在」といいますが、海外では、1975年の国連総会決議にもとづいて「irregular（非正規）」滞在、「undocumented（無登録）」滞在といういい方が一般的です）。その結果、出入国在留管理庁の施設に収容される人たちも多いのですが、そのあと、一時的に釈放されている「仮放免」の人たち（2022年末で3391人）の深刻な問題がたびたび報道されています。仮放免の人たちは、働くことも、健康保険も、生活保護も認められないからです。

たとえば、カメルーンの紛争から逃れて日本に来たマイさんは難民申請が認められず、入管施設に入れられました。仮放免されましたが、働くことが認められず、健康保険加入も認められなかったため、体調が悪くなっても治療を受けることができませんでした。末期ガンになったマイさんは、一か月家賃を滞納して家を追い出され、野宿になり、その後に病院に入って42歳で亡くなりました。その治療費は支援者が寄付を集め、分割で払いました（生活保護問題対策全国会議『外国人の生存権保障ガイドブック』２０２２）。こうした例を見ると、あらためて、国籍や在留資格のちがいによっていのちや暮らしが保障されないのはおかしいのではないか、と思います。

今、世界各地で戦争や緊張状態が起こっていて、「国際交流」による平和がますます必要とされています。そうしたなか、日本の「外国人の生活保障」のあり方も強く問われていると思います。

5 「経済大国」で「貧困大国」の日本――格差と貧困

日本の国内総生産（ＧＤＰ）は、アメリカ、中国、ドイツに次いで世界第４位です（２０２３年）。ＧＤＰは国の経済規模や国の豊かさを表す指標なので、日本はまちがいなく「経済大国」です。

一方、日本の「相対的貧困率」は15・４％（２０２１年）で、アメリカ（15・１％）や韓国（15・３％）より高く「先進国で最悪」になっています（日本より高いのはメキシコ、ルーマニア、コスタリカなど）。なぜでしょうか。一言でいえば、「格差」があるから、つまり「お金持ち」と「お金がない人」の差が広がっているからです。

図１　生活保護世帯数と保護率の推移

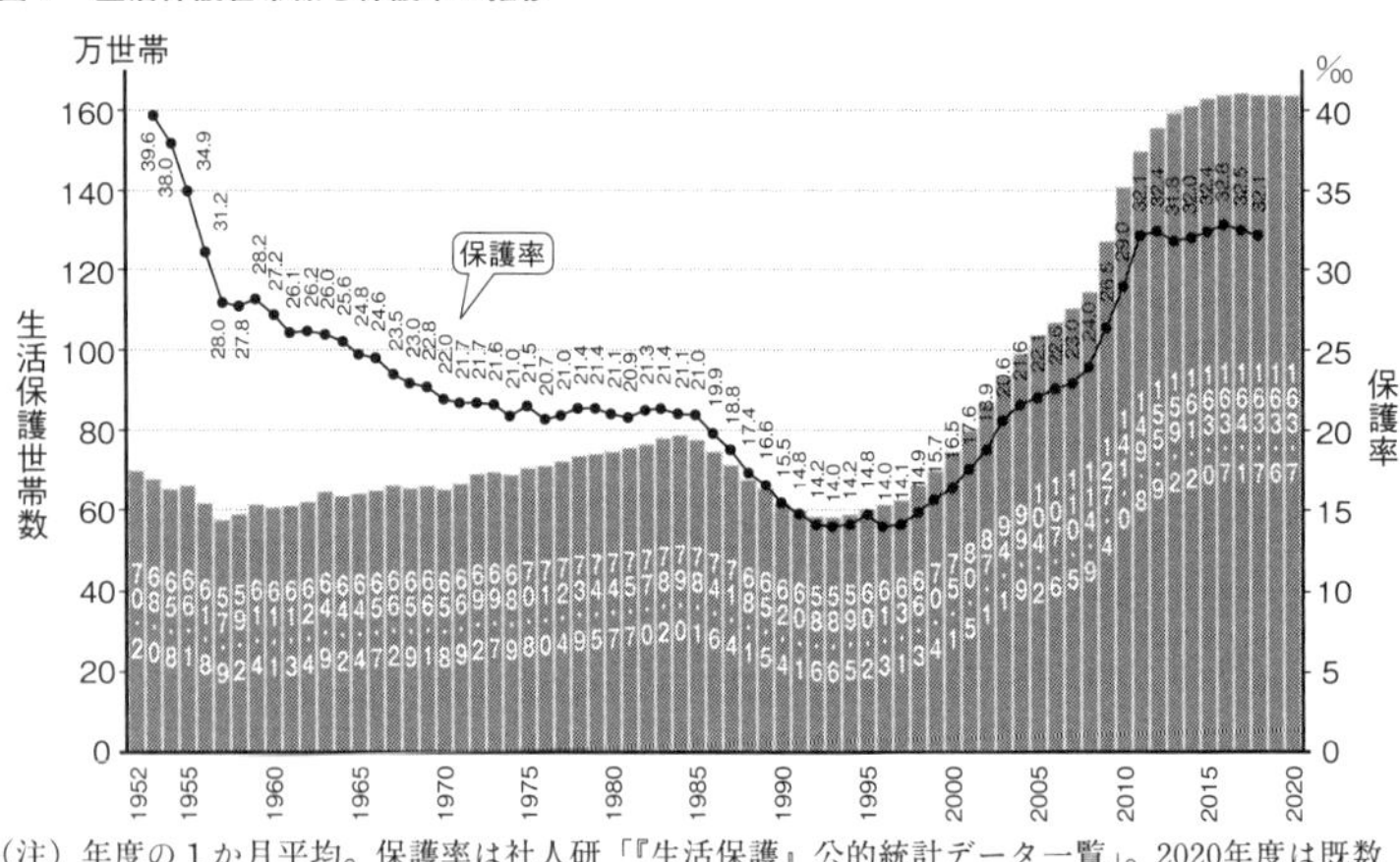

（注）年度の１か月平均。保護率は社人研「『生活保護』公的統計データ一覧」。2020年度は既数
（資料）厚生労働省「被保護者調査」（前「社会福祉行政業務報告（福祉行政報告例）」）http://honkawa2.sakura.ne.jp/2950.html

テレビやネットを見ていると、「家賃がすごく高いタワーマンションに住んでいる」「暗号通貨や株で一気に何億円も稼いだ」「ネットの広告料や通販事業でいきなりお金持ちになった」といった人たちが出てきます。「おとぎ話」みたいですが、実際に、こういう人が増えているのです。

２０２１年の日本では、「富裕層」（純金融資産保有額が１億～５億円未満）は約１４０万世帯、「超富裕層」（５億円以上）は９万世帯になっています（野村総合研究所調査）。この数は、２０１３年からずっと増えつづけています。そして、「超富裕層」が多い国ランキングは、１位アメリカ、２位中国、３位ドイツ、４位日本となっています。つまり、日本は「経済大国」で「超お金持ちが多い」国です。

その一方、自分の貯金や収入で生活することができず、生活保護を利用する人は、図１のように１９９０年代後半から基本的に増えつづけています。

2021年の内訳を見ると、その多くが高齢者（約56％）、障害者・傷病者（約25％）で、この人たちの貧困の深刻さがよくわかります。

1980年代まで、日本は「総中流社会」といわれていました。もちろん、お金持ちも、日雇労働者のように路上死していく人たちもいましたが、資産階層別に図にすると、真ん中の層が厚く、上と下が狭い、樽型のような社会だったのです。

でも、今は「最上」と「最低」がだんだん増えて「真ん中」が減る「砂時計」のようなかたちの社会に向かっています。つまり、日本がつくる「豊かさ」は一部の人に集中して、ほかの人は貧しくなっているのです。こうした「富の集中」は、日本だけでなく先進諸国で共通の傾向です。

そして、先進国で共通する「新しい貧困」という問題も起きました。1980年代のヨーロッパやアメリカでは、それまでとはちがう貧困が問題になりはじめていました。学校を出たばかりの若者の長期失業、ファストフードなどのサービス産業に勤める非正規雇用の若者や移民などの貧困問題です。

この時期の先進諸国では、工業中心の経済から、知識産業化（モノやサービスではなく、知識やアイデアをつくり流通させる産業）が進みました。すると、発展途上国で安い賃金の単純作業の労働者が工場などで使われる一方、先進国で大量の失業が起こりはじめました。国内でも「専門的な仕事をおこなう正社員」と「マニュアルどおりに働く低賃金の非正規労働者」という二極分化が進むようになりました。昔からある「商店街」「中小企業」「町工場」なども、どんどんつぶれていきました。こうして、低学歴の若者の「正規雇用」がどんどん難しくなっていったのです。

そして、経済の低成長のなかで、ちょっと難しい話になりますが、行政の仕事を民間にまかせる「民営化」（このため、安定した「公務員」などの仕事が減りました）、経済的な規制を減らして自由化する「規制緩和」が世界各国で進みました。

たとえば、以前、大規模ショッピングセンターは「地元との調整が必要」とする「大店法（大規模小売店舗立地法）」で厳しく規制されていました。それが、1991年から「規制緩和」が進み、全国各地で大規模ショッピングセンターがどんどんつくられはじめます。これによって、各地の商店街は一気に衰退しました。また、「アマゾン」などのネット通販も、地元の中小のお店のお客をうばっていきました。

日本など多くの先進国は、こういっているようです。「国は、経済界が儲けやすいように全力で支援します。国民のみなさんは、がんばって働いてください。でも、個人の生活はあまり助けません。お金持ちになるか、生活に困るかは、あくまで自己責任です」。

この結果、多くの国で「貧困と格差の拡大」が起こっているのです。

6 生活保護バッシングと野宿者への襲撃

こうした「貧困と格差の拡大」の結果、ある意味で「究極の貧困」である野宿（ホームレス）と生活保護の問題が深刻化しました。

２０２１年の野宿者の数は、厚生労働省の調査では全国で３８２４人です。最多の都市は大阪市の９４３人、次が東京23区の８００人です。

野宿者の男女比は約96％と４％です。みなさんは「女のホームレスなんて、ほとんどいないじゃないか」と思うかもしれません。でも、ていねいに夜まわりをしていると、毎回、何人もの野宿の女性に出会います。女性は危険をおそれて身を隠すことが多く、「夜中は繁華街を歩きまわり、昼に公園のベンチなどでうつらうつら寝ている」といった人がいるのです。現実には、野宿者の10％近くが女性ではないかと思います。

野宿になった理由は、「仕事が減った」が約25％、「倒産や失業」が約23％、「家賃が払えなくなった」が約13％などです（厚生労働省調査）。女性の野宿の場合は、ＤＶなど家族の暴力やトラブルで家に戻れない人がいるほか、統合失調症など「精神疾患」の人の割合も多いと感じます。

野宿者全体の平均月収は２万８３６２円で、かなり多くの野宿の人が自転車などでアルミ缶集めをしています。アルミ缶は「１個２円」ぐらいで、１日８～10時間がんばって２０００円ぐらいになる、という話をよく聞きます。時給でいうと２００円ぐらいですね。今高校生がアルバイトすると、たとえば東京では時給が最低１１１３円（２０２３年）ですから、その５分の１以下にしかなりません。

厚生労働省の「全国で３８２４人」という人数ですが、これはかなり少ない数字です。各地の夜まわり団体に聞くと、厚生労働省の人数は実数の7割ぐらいではないか、という話が出ます。さらに、ここには、たとえばマクドナルドやネットカフェで寝ている人は含まれていません。

ネットカフェに泊まる「住居のない人（ネットカフェ難民）」を、東京都は都内で4000人（2018年）と推定しています。このほかにも、「マクドナルドや個室ビデオ店などで寝ている住居のない人」がいますから、全国で「住居のない人（homeless）」は数万人いるのではないかと考えられます。ただ、実際に数えられないので、本当の人数は「わからない」状態です。

一方、生活保護は、先ほどのグラフにあるように、1990年代半ばに110万人ほどだったのが、2010年代から200万人を超えるようになりました。そして、生活保護が増えていくと、その人たちを批判する「生活保護バッシング」が強まっていきました。

貧困になった人を「支援する」のではなく「悪くいう」のは奇妙な話ですが、それを主導したのは国会議員です。2012年以降、自民党の片山さつき参議院議員は「生活保護を受けることを恥と思わないことが問題」「生活保護は、働けるのに働かない人々を生み出す」「生活保護は、権利ばかり主張して義務を果たさない人々を生み出す」という内容の発言を繰り返しました。こうした「生活保護バッシング」は一般の人たちのあいだでも広まり、ネット上などで生活保護の人たちを悪くいう発言が繰り返されるようになりました。みなさんも「不正受給している人が多い」「働けるはずの人が受給している」「生活保護を受けながらぜいたくしている」といった発言を聞いたことがあると思います。

こうしたバッシングが増えたため、生活に困っても生活保護の申請をためらう人が増えてしまいました。ぼくが相談を受けても、「生活保護だけは受けたくない」「人に迷惑をかけたくない」という人がとても多く、説得に苦労することがたびたびあります。

生活保護が必要な人のうち、実際に利用している人の割合を「捕捉率」といいますが、日本はこの率が2割ぐらいです。一方、イギリスは87％、ドイツ85％、フランス90％（日本弁護士連合会、2018年報告）などで、日本は圧倒的に「必要な人が利用していない」状態です。

この結果、生活に困っても生活保護を使わず、自殺する人がいます。日本は自殺率が世界第4位（2021年）の「自殺大国」です。自殺の背景は複雑ですが、貧困はその大きな要因のひとつです。生活保護バッシングは「貧困による自殺」をあと押ししているのです。

2020年11月28日、小田急線の玉川学園駅で、数年前からお金に困っていた50代の娘と80代の母親が特急列車に飛び込んで自殺しました。同じ年の12月11日に、大阪市港区のマンションで40代の娘と60代の母親が餓死しているのが発見されました。母親の体重は30キロで、水道やガスも止められ、所持金は13円でした。親子は前年の春ごろから生活に困っていたようです。この人たちは、支援者などに相談して、生活保護を申請して利用していれば、自殺などすることなく普通に暮らせていたはずなのです。

そもそも、生活保護バッシングでいわれることは正しいのでしょうか。まず、「不正受給」についてよくいわれますが、生活保護の不正受給の割合は0・4％程度（金額ベース）で、とても「まれ」です。そのなかには、「生活保護を利用しながら普通に仕事をして隠していた」などの悪質なケースもありますが、一方、生活保護世帯の高校生が部活を続けるため、親に負担をかけないように黙ってアルバイトをしていて、それがあとでわかって「不正受給」になった、という気の毒に感じてしまうケースもかなりあります。

「働けるはずの人が受給している」ともよくいわれます。でも、よく聞くと「見た目は元気そうじゃないか、働けるだろう」という「思い込み」のようです。糖尿病や鬱など、深刻な病気があっても見た目ではわからない人はいっぱいいます。そして、仕事を探していて、生活が安定するまで生活保護を利用する人もいます。

「生活保護を受けながらぜいたくしている」ともいわれますが、生活保護費はかなり低い金額で決まっているので、多くの人が本当に切り詰めた生活をしていて、ぜいたくはそもそも無理です。1日だけ高い物を買ったり食べたりすることはあるでしょうが、その分を別のところで節約しているはずです。

こういうバッシングを聞くと、「わたしはがんばって働いても生活があまりよくならず、税金をたくさん取られている。それに比べて生活保護の人たちは働きもせず、わたしたちの納めた税金を使って平然と暮らしている」と思っているのかな、と考えてしまいます。そういう自分の生活のつらさを、生活保護の人たちに向けてしまっているのかもしれません。

でも、生活保護は、よくいわれるように「最後のセーフティネット」です。それが機能しないと、生活に困った人の多くは、かつての日雇労働者のように野宿になり、餓死や凍死、病死していくでしょう。そういう社会は、いい社会なのでしょうか。生活保護は「困ったときはおたがいさま」という「社会保障」として存在しています。それを否定すると、貧困になった人は見捨てる「自分のことしか考えない」おそろしい社会になってしまいます。

２０２１年、メンタリストのDaiGoがYouTubeチャンネルの生配信で「ぼくは生活保護の人たちにお金を払うために税金を納めているわけではないからね。生活保護の人たちに食わせる金があるんだったら猫を救ってほしいとぼくは思うんで。生活保護の人、生きていてもぼく得しないけどさ、猫はさ、生きていたらぼく、得なんで」と話し、大きな批判を受けました。彼はさらに、「ホームレスのいのちはどうでもいい」「どちらかというと、みんな思わない？　どちらかというといないほうがよくないホームレスって？」「邪魔だしさ、プラスになんないしさ、臭いしさ、ねぇ。治安悪くなるしさ、いないほうがいいじゃん」といいました。

批判を受けたDaiGoは謝罪しましたが、ぼくはこの発言を聞いて、DaiGoのような考えをもつ人はほかにも多くいて、彼はそれを「ぶっちゃけて」しまっただけなのかもしれない、とも思いました。

「ホームレスのいのちはどうでもいい」「いないほうがいい」という言葉は「野宿者襲撃」というかたちで現実に起きています。あまり報道されませんが、襲撃事件は日本全国で起こりつづけています。ぼくも、投石、放火、そしてエアガンなどで襲撃された野宿の人たちを何百人も見てきました。

ニュースになった例では、２０２０年3月25日、岐阜市の河川敷（かせんじき）で野宿していた81歳の男性が殺され、会社員など少年３人と男子大学生２人（全員19歳で友人どうし）が逮捕されました。５人は石を投げて男性を追いかけ、男性は頭を打って死亡しました。殺された男性は3月中旬から4回ほど石を投げられる被害に遭（あ）い、警察に相談していました。

２０２０年11月には、東京都渋谷区のバス停で野宿していた64歳の女性が頭を殴られて死亡し、近くに住む46歳の男性が逮捕されました。その男性は「痛い思いをさせればあの場所からいなくなると思った」と供述しています。

野宿者が襲撃されて殺される、このような事件は長年続いていますが、その背景には、DaiGoがいったような「ホームレスのいのちはどうでもいい」「どちらかというと、みんな思わない？　どちらかというといないほうがよくないホームレスって？」という差別意識があると思います。ぼくは全国各地の学校で「貧困と野宿を考える授業」をしていますが、生徒へのアンケートで「家の人から野宿者（ホームレス）について何かいわれたことはありませんか」と聞くことがあります。すると、「話しかけられても無視しなさい」「目を合わせてはいけない」「あんな人になりたくなかったらもっと勉強しなさい」と親からいわれた、という答えがよく返ってきます。

たとえば、障害者について「話しかけられても無視しなさい」「目を合わせてはいけない」などと子どもに教えたら、社会的に大きな問題になるはずです。それでも、この本の「障害者」の〝授業〟で書かれているように、「生きる価値がない」という差別意識から多数の障害者を殺傷した「相模原事件」が起こされています。また、多くの女性もDVなどの暴力で殺されていますが、そこには男性の女性に対する差別意識があるはずです。

社会全体にある偏見や差別が、野宿者や障害者、性的マイノリティや女性、外国人などへの襲撃事件をつくりだしています。わたしたちは、こうした暴力をどうやって解決するか、ずっと問われていると思います。

7 どんな社会が望ましいのか？
――オランダモデル・フレキシキュリティ・ベーシックインカム

ここまで、1980年代から2020年代の貧困問題を見てきました。では、貧困を解決するためには、どういう取り組みが必要なのでしょうか。

それを考えるには、世界各国の社会保障（福祉）のようすが参考になります。

少し難しい話になりますが、社会保障には大きくいって3つのファクター（要素）があります。国家（行政）、市場（企業）、家族です。そのどれに重点があるかで特徴があり、それぞれ「福祉国家」「市場主義」「家族主義」といわれます。

たとえば、日本や韓国、そしてイタリアなど南ヨーロッパの国は「家族主義」が強い国です。これらの地域では、国はあまり生活保障をせず、「生活に困ったら家族が助ける」のが常識です。この場合、家族を頼れない人たちはたちまち生活に困ってしまいます。いい面としては、税金が比較的安くなります。でも、日本のように「少子高齢化」が進むと、年金負担や医療・介護など社会保障費が増え、税金が高くなっていきます。

代表的な「福祉国家」はオランダや北欧諸国、たとえばデンマークです。そうした国々では、生活に困った人に国が生活費や職業訓練費を提供して生活を支えます。この場合、当然ですが、税金がかなり高くなります。一方、家族にはあまり負担がかかりません。

「市場主義」が強いのは、なんといってもアメリカです。「働いた収入で生活しなさい。国は企業を助けるけれど、個人の生活を助けません」という姿勢です。家族も、日本ほどには助けあうことはありません。この場合、「貧富の差」が大きくなりがちで、景気がとてもいいときは国全体としては豊かになりますが、そうでないときは貧困・格差が激しくなります。

日本では、もともとの「家族主義」に加えて「市場主義」が強まっています。「国は企業を助けます。生活に困った人は家族に助けてもらいなさい」という感じです。さらに、日本は「市場主義」のなかで非正規労働が増えました。日本の非正規労働者は「同じ仕事をしても賃金が低い」「いつクビになるかわからない」「社会保険の条件が厳しい」ので、「仕事が不安定」で「生活も不安定」という問題を抱えています。

ある意味で日本の「正反対」がオランダやデンマークです。これらの国の社会福祉のようすを見てみましょう。

オランダは、「オランダモデル」といわれるワークシェアリング（仕事の分かちあい）で知られています。これは、多くの労働者を「正規雇用」にして仕事を分けあい（シェア）、「社会保険」（育児・介護休暇も）も同じ、時間あたりの賃金も同じ（同一労働同一賃金）にするというものです。つまり、「いす」を「取りあう」のでなく「分けあう」ことで、多くの人が「労働時間が短い（パートタイム）正社員」になったのです。オランダでは、たとえば企業の課長、部長などもパートタイムの正社員だったりします。

そして、オランダ政府は、夫婦それぞれ「週30～35時間労働・週休3日」とするモデルを推進しました。たとえばアメリカは、妻と夫が同じようにフルタイムで共稼ぎする「1＋1＝2」モデルが多いです。日本では、夫がフルタイム、妻がパートという「1＋0・5＝1・5」モデルが一般的です。それに対して、オランダは夫婦が同じように短い時間働く「0・75＋0・75＝1・5」モデルを推進しました。

日本では、夫が正社員で長時間働かされるため、妻が家事・育児・介護の多くを負担するという問題がずっと続いています。それに対して、オランダは、夫婦が同じように協力して仕事と家事、育児などをおこなうモデルを進めたのです。

そして、「仕事が不安定」な非正規労働への取り組みとして、オランダやデンマークは「フレキシキュリティ（Flexicurity）」を進めました。「仕事が不安定」（クビになりやすい・職種や職場を変わりやすい）であることを「フレキシビリティ（Flexibility 柔軟性）」といいます。「フレキシキュリティ」は、これに「生活の保障（security）」を合わせた言葉です。

日本では「仕事が不安定」な非正規労働者が「生活が不安定」になっていますが、フレキシキュリティはそこに「充実したセーフティネット」（失業者に手厚い失業給付）、そして「積極的な雇用政策」（失業者の技能向上を目的とした職業訓練など）を充実させていきました。その結果、多くの人が新しい知識や技能を学んで、より高いステップの仕事に向かって転職していけるようになりました。

職業訓練などの「積極的雇用政策」は、「セーフティネットからトランポリンへ」といわれることがあります。失業した人の「生活を支える」だけでなく、職業訓練などによって高度な技術や資格を学ぶことができるからです。これがうまくいけば、次の仕事へ向けてステップアップできるので、「仕事が不安定」でも「生活が安定」します。ヨーロッパ（EU）はこのフレキシキュリティに注目して、2007年にEUの「共通原則」にしています。

一方、オランダモデルやフレキシキュリティには問題もあります。「仕事に就くこと」を推し進めることで「社会参加」してもらう動きは先進国で進んでいて、フレキシキュリティもそのひとつといえます。ただ、それは仕事に就く見込みのある人々を優遇する一方、就労が難しい人たちを「排除」していく面をもっています。

とくに、先進国の「コミュニケーションをとってサービスする」ことが中心の経済では、外国人やひきこもりの人、あるいは発達障害の人たちは仕事に就くことが難しくなりがちです。たとえば、オランダはもともと「移民に寛容な国」として有名でしたが、2002年ごろから移民の「排除」

が激しくなりました。移民の多くは「言語や文化・価値観」をオランダ人と共有していないので「コミュニケーション能力が低い」とされ、「仕事に就くこと」「社会参加」から事実上、排除されたのです。

社会保障を支給するとき、その人に「就労」を義務づけることを「ワークフェア」といいます（ワーク［労働］とウェルフェア［福祉］を合わせた言葉）。そこでは、「とにかく仕事に就きなさい」ということが優先し、仕事ができる人たちは「社会の一員」として尊重されますが、今の仕事に合わない、適応できない人たちは社会から「排除」されがちです。「勉強ができる子は尊重され、できない子は排除される」社会というのはイヤですが、「仕事」についても同じことがいえそうです。

オランダモデルとフレキシキュリティのほか、注目されている方法として「ベーシックインカム」（基礎的な所得）があります。これは、国が全員に、たとえば「毎月7万〜8万円」（生活保護の生活扶助費に相当する）を支給する制度です。

多くの社会保障は、「失業した人には雇用保険」「ひとり親世帯には児童扶養手当」「障害者には障害年金」など、支給する条件を決めています（「選別主義」といいます）。また、多くの制度は、本人が申請しないと認められません。このため、たとえば「ひとり暮らしで収入の低い非正規労働の人」などが取り残されがちですが、ベーシックインカムは最初から「すべての人」が対象です。なので、今の社会保障のような「取りこぼし」が起こりません。

これを聞くと「そんなこと、本当にできるの？」と思う人もいるはずです。でも、日本でも最近、ベーシックインカムに近いことがおこなわれました。２０２０年に新型コロナウイルス対策として支給された「10万円の特別給付金」です。

この対象者は、２０２０年4月27日に住民基本台帳に記録されている人全員でした。つまり、それまでに生まれていたみなさんは、全員この特別給付金を受け取っているはずです。ただ、世帯でまとめて支給されたので「親が管理して、自分では使えなかった」という人もいるかもしれません(本来、ベーシックインカムは世帯でなく個人対象です)。これは、期間限定のベーシックインカムといえます。

ベーシックインカムは世界的に議論され、一部の地域では実験的に導入されています。たとえば、２０１７〜２０１８年にかけてフィンランドで、25〜58歳の失業者２０００人に政府から月５６０ユーロ(約6万９０００円)をベーシックインカムとして支給する試みがおこなわれました。その結果、利用者は「自立心や経済的安全、将来への信頼感など、幸福度の尺度でよりよいスコアをつける傾向があった」と報告されています。こうした試みは、インド、ケニアなどの一部でもおこなわれています。

日本の10万円の特別給付金のときは、ぼくがかかわっている生活に困っている人たちが、「これで家賃が払えた」「仕事が途絶えたとき、しばらく生活できた」と、とても助かっていました。一方、「10万円は、お金持ちには必要ないじゃないか」という意見もかなりありました。ただ、多くの人から「このお金は今困っている人のために使ってほしい」と、子どもの貧困に取り組んでいる団体や生活困窮者の支援団体に寄付があり、ぼくのいる野宿者ネットワークにも寄付がいくつもありました。このように、ベーシックインカムは、社会の「助けあい」に使われる面もあるようです。

とはいえ、月8万円を1億2000万人に支給すると115兆円（2023年度の日本の国家予算114・4兆円とほぼ同じ）なので、問題は財源です。たとえば、「失業した人には雇用保険」「ひとり親世帯には児童扶養手当」と「選別主義」で複雑になっている社会保障制度をベーシックインカム一本にまとめてしまう、という案も出されています。ただ、たとえば「月8万円」だと、今の生活保護を（家賃や医療費を考えると）大幅に下回るので、貧困問題はさらに悪化してしまいます。そこで、所得税、相続税、法人税などの増税、国際的には巨大な利益を上げている巨大企業への国際課税、富裕層への増税、環境税などをベーシックインカムの財源とすることが提案されています。その財源によって、ベーシックインカムにある程度の「選別主義」を入れた社会保障をプラスする、という方法も考えられます。

このように、オランダモデルやフレキシキュリティ、ベーシックインカムには、それぞれ良い面も悪い面もあります。日本は他の国々の政策をよく検討して、自分たちが望ましいモデルをつくっていくべきだろうと思います。

おわりに――自分のまわりをもう一度よく見てみよう

最初にお話ししたように、ぼくは１９８８年から地元の「山王こどもセンター」にアルバイトなどでかかわって、数百人の子どもたちを見てきました。ここは経済的に厳しい家庭の子どもが多く、ほとんどは高卒や高校中退で就職し、大学や専門学校に行ったのはそのなかで数人しかいませんでした。

ある年にはふたりが保育の専門学校に進学しようとしましたが、そのふたりとも生活保護の家庭で、進学費用が用意できませんでした。奨学金を申請しようとしましたが、ひとりは保証人になってくれる人が親戚にもいません。いろいろな方法を話しあった結果、山王こどもセンターの施設長が個人として保証人になって奨学金を取って、専門学校に進学することができました。

その子が19歳になったとき、生活保護についてのシンポジウムで、自分の経験を話してもらえないかとお願いしました。彼女はこう書いてくれました。

私は専門学校2年生の19才です。

将来、こどもに関わる仕事につくため、昼間働きながら、保育の夜間学校に通っています。

私の親は精神障害を持っており生活保護を受給しています。現在は、世帯分離をして生活しています。

私が幼い頃、母親はギャンブル依存症や買い物依存症になり、借金をするまでになりました。一度、自己破産もしています。ただ、いまだに借金を抱えています。母親は生活が苦しすぎて自殺を考えたこともありました。

私が今思うこと。それは……養いたいと思えない親をなぜこどもが養わなければならないのか、という扶養義務についてです。

「家族」って何ですか？　「家族だから」「血がつながっているから」というだけで愛が伝わってこない家族を、私は家族と思いたくないです。私は、いつも母を求めているのに答えてくれない、そして、期待すればするほど、裏切られて悲しむだけ。毎日同じ繰り返しです。

私が保育の専門学校に行く事を決意した理由のひとつは、自立を求めるためでもありました。「母親は好きだけど、離れないといけない」「これ以上一緒にいると、自分の人生がぐちゃぐちゃになってしまう」「毎日、悲しむことに疲れた」というたくさんの思いがありました。

毎日考えていたこと、「普通の生活が欲しい」「普通の幸せがほしい」ということです。「家に帰って、ただいま、といえる環境」「あったかいご飯がある幸せ」「勉強ができる環境」「両親がいる幸せ」など悔しいほどたくさんでてきます。

この環境に生まれた以上、そんなことを言っても仕方がないのは十分わかっています。

だからこそ、将来、「こどもたちの居場所を作りたい」と強く思い専門学校に進学しました。

生活保護があり、奨学金を貸していただき、今の自分があることに本当に感謝をしています。

ただ、生活保護受給家庭のこどもたちは、生まれたくてこの環境に生まれた訳じゃないです。だから、せめて将来だけは、自分の人生を歩みたいです。（一部略）

この子は、たまたま近所に、家庭の代わりになる山王こどもセンターがあって、生活や進学を支えてもらうことができました。でも、そういう支えがまわりにない子どもたちが日本や世界にいっぱいいます。あなた自身がそうかもしれないし、友だちや、これから出会う人たちがそうかもしれません。貧困問題は、中学生や高校生、専門学校生など、10代のみなさん自身の問題です。

貧困や格差の問題は、これからますます多くの人たちの生活を苦しめていくことになりそうです。今、日本は、いってみれば「貧困」という蛇口が全開で、いろいろな団体や個人、ぼくのいる野宿者ネットワークや山王こどもセンター、そして全国の多くの人たちが、そこから落ちてくる人たちを支えようと、手のひらを「お椀」にして一生懸命に受けとめようしている状態なのかもしれません。

そうして、一人ひとりを受けとめることは、もちろん必要です。ただ、元となっている「蛇口」を閉めなければ、いくら手で受けとめつづけても、問題はいつまでも解決しません。

どうしたら「貧困」という蛇口を閉めることができるのでしょうか。そのことを、みなさんと一緒に考えつづけなければならないと思っています。

最後に質問

Q1 「女性の貧困」や「子どもの貧困」は深刻なのに、なぜ「男性の貧困」はそれと比べてあまり深刻ではないのでしょう？

Q2 一方で、野宿者（ホームレス）の大多数は男性ですが、それはなぜでしょうか？

Q3 生活保護バッシングや野宿者襲撃はどうして起こるのでしょうか？

Q4 なぜ金持ちと貧乏に分かれるのか。なぜ平等ではないんでしょうか？　この問いにみなさんはどう答えますか？

さらに学びたい人のために――図書紹介

❖**生田武志『貧困を考えよう』**岩波ジュニア新書、2009年

日本の貧困問題全般についてくわしく触れています。

❖**安田夏菜『むこう岸』**講談社、2018年

有名私学から公立校に転校した少年が、父親を事故で亡くし、生活保護を受けながら精神疾

患のある母と妹の世話に追われている中3の少女と出会い、身近にある貧困問題を考えはじめます。

❖**雨宮処凛『学校では教えてくれない生活保護』**河出書房新社、2023年

生活保護に関するさまざまなケース、さまざまな国での生活保障の取り組み、オンラインで生活保護申請できる新たな支援、全国の相談先リストの紹介などがあります。

（生田武志）

第3限

不登校から学校の意味を考える

前編　不登校ってズルいですか？

はじめに

「なんで自分は学校に行っているんだろう？」

そういう疑問をもったこと、ありませんか？　何のための勉強かわからないとか、学校に行く意味がわからないとか、毎日、同じかたちをした教室で、みんなが同じ制服を着て、同じ方向を向いているのは、とても奇妙だと感じてしまうとか。

あるいは、学校に行くことに疑問をもったことなんてなくて、「今日は休みたいな」と思っても、病気とかケガとか身内の不幸とか、よっぽどのことでないと、学校は休んじゃいけないと思ってきたでしょうか？

この本を読んでくれている人には、不登校をしている人、かつて経験した人もいれば、不登校なんて関係なく、疑いなく学校に通ってきた人もいることと思います。わたし（山下）自身はどうかといえば、不登校経験はないのですが、大学生のころに（1990年代初頭）、はたと疑問にぶつかりました。当時、わたしは学生新聞をつくっていて、東京のフリースクールに取材に行ったときのことでした。子どもたちの話を聞くなかで、「なぜ学校に行かない子どもたちがいるのか」という問いが反転し、自分に問いが返ってきました。不登校というと、とかく「なんで学校に行かないの？」と聞かれますが、ほかのことであれば（映画とか旅行とか）、理由や動機は、行くほうにこそあるものです。しかし、学校に行くことはあまりにも当然になっていて、行かなくなったとたん、異常視されたり、責め立てられたり、病院に連れていかれたり（閉鎖病棟に入院させられることもありました）、スパルタ指導の民間矯正施設に連れていかれたり、たいへんなことになってしまう。当時は、今よりも学校を絶対視する力が大きく、不登校への偏見も強く、人権侵害というほかないような「指導」や「治療」がまかりとおっていました。なぜ、学校を休んだだけで、こんなことになるのか。ひるがえって、なぜ自分は学校に行くことを疑うこともなかったのか。思い返せば、それなりにしんどいこともたくさんありました。それでも、学校に行かないなんて発想はおろか、休もうとも思っていませんでした。なんで、学校を休むとか、行かないとか、考えすらしなかったんだろう？　それは、自分の足元がぐらぐら揺れる問いでしたし、自分だけではなく、この社会のあり方をぐらぐらと揺さぶるもののように思えました。

それをきっかけにフリースクールにボランティアとしてかかわるようになり、大学を中退してスタッフとなって、その後、『不登校新聞』という新聞の編集長をしたり、今も大阪でフリースクールにかかわったりしています。気づけば、かれこれ30年ほど不登校にかかわっていることになります。ただ、わたしは不登校の子どもを「支援」したいと思っているわけではありません。「支援」というと、自分はだいじょうぶな側にいて、だいじょうぶじゃない人をだいじょうぶになるように支援するという構図になると思いますが、わたしは、自分の状況がだいじょうぶだとも、この社会がだいじょうぶだとも思えませんし、むしろ不登校から、一緒に学校のあり方とか、社会のあり方を考えていきたいと思ってやってきました。なので、この〝授業〟においても、みなさんと一緒に考えていくことができたらと思っています。

そもそも不登校って？

まずは、不登校の数を見てみたいと思います。２０２２年度では、小・中学生で29万９０４８人（小学生10万５１１２人、中学生19万３９３６人）となっていて、小学生では全生徒の１・７％、中学生では全生徒の６％が不登校です。６％といったら、17人に１人ですから、クラスに２人はいる計算になりますね。ただ、不登校というと、まったく学校に来ない人をイメージするかもしれませんが、そういうわけでもありません。文部科学省の定義は以下のようになってます。

　何らかの心理的、情緒的、身体的あるいは社会的要因・背景により、登校しない、あるいはしたくともできない状況にあるため年間30日以上欠席した者のうち、病気や経済的な理由による者を除いたもの。

ややこしいですね。つまり年間30日以上欠席すると、長期欠席の扱いになるんですが、そのうちの一部が不登校ということなんですね。ハッキリと病気だとか経済的理由がある場合は別として、理由がよくわからないのに長期に学校を休むことを不登校と呼ぶようになった、ということです。

では、長期欠席全体の数はどうかというと、2022年度で46万6648人もいます。とくに2020年から急増したんですが、なぜだと思いますか？　ピンと来た方もいると思いますが、新型コロナウィルスの影響が大きいです。これは最近のことですが、では昔はどうだったかというと、不登校の統計を開始した1960年代半ばごろだし、長期欠席は病気や経済的理由がおもな理由でした。あるいは、家業の手伝いのために学校に行かせてもらえないとか、本人が学校に行きたくても行けないというような長期欠席が多かった。それが、どんどん理由のよくわからない長期欠席の人が増えていって、不登校と名づけられて大問題となってきました。不登校というと、現代っ子の問題のように思われがちですが、それなりの歴史があるんですね。次には、その歴史を大づかみにたどりたいと思います。

1　不登校の歴史

1950年代から見ていきたいと思います。このころのエピソードに「英語で鯛は釣れん」という話があります。佐藤修策さん（登校拒否のことを最初に論文に書いた人）が、当時、児童相談所の職員をしていたときのことです。佐藤さんは、就学の督促のために各家庭をまわっていました。戦前は小学校までが義務教育だったのが、1947年に新制中学校ができて、中学校まで義務教育になったので、「お子さんを中学校に就学させてください」と保護者を説得していた。そこで「中学校に行ったら英語も勉強できますよ」と話したところ、ある漁師のお父さんに「英語で鯛は釣れん。英語なんか勉強したところで、別にこの子が生きていけるようになるわけじゃない。むしろ自分と一緒に漁に出て、そこで、生きる術を身につけるのだから、中学校なんか行かせないでよろしい、帰ってくれ」といわれて追い返されたそうです。当時は漁師にかぎらず、第一次産業や自営業で働いている人が多かった。そういう時代には、学校の価値は非常に低かったわけです。だから、親も、子どもが学校に行かないことでパニックになることもないし、むしろ学校に行かせるよりも家業の労働力として子どもが必要だった。そういう時代では、長期欠席の意味合いは、今とはまったくちがっていたんですね。逆にいうと、子どもにとって学校は、労働から逃れられる、ひとつの逃げ場だったといえるかもしれません。

それが１９６０年代に入ると、高度経済成長期のなかで、どんどん自営業はつぶれていくし、第一次産業ではやっていけないことになっていって、多くの人が雇われて働かないといけないという仕組みに巻き込まれていった。そうなると、少しでもいい学校に行って、自分を高い価値で労働力として買ってもらわないといけない、ということになる。学校は、将来のためにがんばって行かないといけない場所になったといえます。それと同時に、理由もよくわからず、なぜか学校に行きたくないという子どもたちが出てくる。頭では行かないといけないと思っているけれども、行こうとするとおなかが痛いとか頭が痛いとなって、どうしても行けない。これが何だかわからない現象としてとらえられて、わからないものだから精神科医のところに連れていかれるということが始まったんですね。

しかし、医者もよくわからないから、アメリカやイギリスの文献をたどっていって、これはアメリカでは「学校恐怖症」といって、母子分離不安が原因らしいぞとか、イギリスでは「登校拒否症」といって神経症の問題らしいとか、いわば輸入概念によって診断されるようになったわけです。

このころいわれた「母子分離不安」というのは、精神分析の見方なのですが、それがひとり歩きして、母親の育て方が悪いというような見方が強まって、母親が過保護だからとか、父親が弱いから不登校になるんだというように、親の育て方の問題にされていきました。不登校は子どもの神経症で、その原因は親の育て方だということですね。

腐ったものを食べれば下痢をする

しかし、1970年代に入ると、精神科医のなかでも、それはおかしいんじゃないかという見方が出てきてます。渡辺位さんという精神科医は、「腐ったものを食べれば下痢をする」といういい方でそれを説明していました。腐っているというのは、体にとって有害な細菌が繁殖している状態のことで（体にとって有益な細菌の繁殖は発酵という）、そういう有害な細菌を体のなかに入れてしまったときに、下痢をしたり嘔吐したりするのは、一刻も早くその細菌を外に排出しようとして起きている正常な防衛反応だというんですね。その摂理をふまえずに、症状だけを問題にして下痢や嘔吐を止めてしまったら、かえって有害な細菌が体内で繁殖して、たいへんなことになってしまう。

それと同じように、子どもが学校に行けないことで、頭が痛い、おなかが痛いと、神経症的なようすを表しているのは、本人のほうに問題があるわけじゃなくて、その子が神経症的な症状を表さざるをえない状況におかれているということであって、症状と見えるものは正常な防衛反応ではないのか。そうだとすれば、子どもの資質や親の育て方を問題視するのではなく、学校の状況のほうを問わなければいけないと。

そのように見方が反転したこともあって、その後、1980年代に入ると、親の会の活動が始まります。当時は、とりわけ母親が責められることが多かったわけですが、本当に親の育て方が悪いのか、むしろ学校のあり方とか、こんなに学校に価値をおく社会のあり方こそを問い直さないといけないんじゃないかというような運動を、おもに不登校の子どもをもつ母親たちが始めました。

そして、そこから学校外の子どもの居場所やフリースクールなども生み出されていきました。学校に合わない子がいるのであれば、学校の外に、子どもの居場所であるとか学び場をつくっていこうということですね。また、不登校の文脈からだけではなく、海外では、もっと多様な学校（オルタナティブスクールといったりします）があるのだから、日本でも、もっと多様な学び場をつくっていこうという運動が起きはじめました。

ただ、80年代には、一方で民間の矯正施設の問題もありました。戸塚ヨットスクールなど、マッチョな団体がスパルタ的に根性を鍛え直すみたいなかたちで、不登校や非行の子どもたちを集めて訓練して、死亡事故も複数起きました。

80年代は、学校の価値が非常に高く登校圧力も強い時代で、それは「学校信仰」ともいわれました。「首に縄をつけてでも」と表されるほど、とにかく何が何でも学校に子どもを連れていかないといけないという圧力が強く、その一方で、カウンターとしての当事者の運動が起きた。そういう時代だったといえます。

自由化の流れのなかで

90年代に入ると、文部省（現在の文部科学省）は「登校拒否はどの子にも起こりうる」という見方を示すようになりました。それまでは、親の養育態度に原因があるという見方をしていたのですが、どの子にも起こりうるとして、フリースクールなどに通っている場合は、通学定期を使うのを認めようとか、出席に認定するとか、柔軟な対応を示すようになります。

一方で90年代というのは、スクールカウンセラーを全校に配置する動きも起き、不登校だけではなく、さまざまな問題を子どもの心理の問題としていく動きもありました。

2000年代に入ると、発達障害がクローズアップされるようになって、学校に行かない子のなかには発達障害の子がいて、特別支援学級に振り分けたほうがいいんじゃないかという動きが始まり、その後強まって、現在にいたっています。特別支援学級の在籍者数は急速に増えていて、2021年度で32万6500人、20年前の4倍になってます。なぜ、発達障害がこんなに急増しているのか、ここも考えたいところなのですが、紙幅の関係で、ここでは踏み込みません。

一方で2000年代は、規制緩和の流れのなかで、今までの学校教育制度にはない、いろんな学校をつくっていこうと、不登校特例校設置の動きなどが始まりました。不登校特例校（2023年に「学びの多様化学校」に改称）というのは、学習指導要領に囚われない教育課程をもつ学校で、2023年現在、全国で24校あります（公立14校、私立10校）。

そういう流れを受けて、2016年には教育機会確保法という法律が成立しました。義務教育において学校外の教育機会の場を認めていこうという法律ですが、これは、いろんな議論があったところで、あとで、もう少し考えたいと思います。

そして同年、文部科学省は「不登校を問題行動と判断してはならない」という通知を出しました。現在の文部科学省の見解は以下のとおりです。

> 不登校児童生徒への支援は、「学校に登校する」という結果のみを目標にするのではなく、児童生徒が自らの進路を主体的に捉えて、社会的に自立することを目指す必要があること。また、児童生徒によっては、不登校の時期が休養や自分を見つめ直す等の積極的な意味を持つことがある一方で、学業の遅れや進路選択上の不利益や社会的自立へのリスクが存在することに

留意すること。

２０２０年代に入ると、コロナ禍のなかで長期欠席が急増して、これまでの不登校の状態像とは、またちがうかたちで長期欠席の人が増えているというのは、先に述べたとおりです。コロナにかぎらず、家庭でネグレクト（児童虐待のひとつ。子どもの世話を怠ったり、長時間放置したりすることなど）やヤングケアラー（子どもが家事や家族の世話などを日常的にしていること）のような状況があったり、経済的に厳しい状況があったり、そうした事情による長期欠席も増えているのではないかと思われます。

ここまで、大づかみに不登校の歴史を振り返ってみましたが、不登校は、かつてほど「問題」とはされなくなり、偏見も弱まったように思います。多様な教育機会を認めていこうという法律もできました。では、それで解決してきているのかというと、そうともいえないように思います。なぜなのか。もう少し考えてみたいと思います。

2　不登校の理由、学校に行く理由

不登校になると、かならずといっていいほど「なんで休むの？」「なんで学校行かないの？」と聞かれます。けれども不登校になった当初に、その理由を言葉で説明できることはあまりなく、自分でも、なぜかわからないということが大半だと思います。背景には、たとえば、いじめや体罰など暴力によって苦しんでいることも少なからずあると思いますが、はっきりとした原因がなくても、とにかく行けない、行きたくない、行こうと思っても、頭が痛い、おなかが痛いなんてことがよくあります。

しかし、そもそも不登校の理由を聞くというとき、まず、不登校はあってはならないこと、あるいは学校は休んではならないという規範があって、そこから理由を聞いていることが多いのではないでしょうか。「なんで学校行かないの?」と聞くとき、「学校には行くべきなのに、なんであなたは行かないの?」「休んじゃいけないのに、なんであなたは休むの?」と聞いている。つまり、本人を責めているわけです。

しかし、冒頭にも述べたように、むしろ問わなければいけないのは、学校に行く理由のほうだとわたしは思ってきました。「なんで学校行かないの?」と聞いている人に「じゃあ、あなたが学校に行っている(いた)のは、なんでですか?」と聞くと、たいていは「そんなの、当たり前じゃないか!」と逆ギレするか、意味不明と思うのか、ぽかんとしてしまいます。学校には行くもの、しかも休まずに行くものということがノーマルになっている。

みなさんにも、ちょっと考えてみてほしいのですが、なんで自分は学校に行ってるんだろう、あるいは行っていたんでしょうか?

学校に行くというのは、自分のなかに動機があって行っていたのか、それとも学校には行かなければならないという規範だったり、強制ではなくても何か自分にかかってくる力があったのか。前者の場合でも、自分の動機だけではなく、何か、かかっている力があるようには感じませんか？　それは何なのか。何が人を学校に向かわせてきたのか。また、行く／行かないという二択は別としても、学校を休むことに罪悪感はなかったでしょうか？　あったとすれば、その罪悪感はどこから来るものなのでしょう？　なぜ、学校は休まず行くことがノーマルになっているんでしょう？

学校を休めない理由は？

学校を休めない理由としてよく聞くのが、「義務教育だから」「学校に行くのは子どもの義務だから」というものです。大学生に聞いても、義務教育は子どもの義務だと思っている人は多いですね。けれども、子どもには義務はいっさいありません。子どもには「教育を受ける権利」があって、それを保障する義務が国家や自治体や保護者にあるわけです。それなのに、あたかも学校に行くことが義務であるかのように勘ちがいされている。

また日本の社会では、とかく「みんなと一緒」が価値基準になってしまっているので、「みんなと一緒」から外れてしまうことが怖い、ということがありますよね。何かにつけ、まわりの目を気にして自分の行動を決めている。学校をなかなか休めない、休んでも苦しいことになるのは、この問題も大きいように思います。

それから、子どもの生活世界が学校に一元化されてきてしまったという問題もあります。日本では大問題となってきた不登校は、ほかの国では、こんな問題にはなっていません。学校からドロップアウトする人はどこの国にもいますが、学校を休むことがこんなにも異常視され、まわりから責めたてられ、自分でも自分を責めるみたいな構図は、かなり特殊なようです。日本では、勉強するのも、スポーツや音楽をするのも、友だちと遊ぶのも、すべて学校が中心になっているのに対して、多くの国では、学校とクラブは別で、地域の人間関係も別にあります。関係が学校に一元化されているのではなく、多元的なんですね。まず個人があって、それぞれの場とのかかわりがある。

すべてが学校中心になっている日本のような社会では、学校に行かなくなると、たんに勉強の場を失ってしまうだけじゃなくて、クラブ活動も友だち関係も、すべて失ってしまいかねないですし、地域のまなざしもすごく気になるので、家の外に出にくく、孤立してしまいがちです。裏を返せば、だからこそ休みにくいし、ギリギリまでがんばってしまうともいえるように思います。

また、日本では自分の所属する小集団（学校では部活、クラスなど）の力が大きくて、その場の考えと個人がべったり一緒になってしまいがちです。そういう場では、ウチ・ソトの意識がたいへん強いので、常にソトに排除されないように努めないといけない。だから、自分の都合だけで「休みます」とはいいにくいし、がんばりすぎてしまう。かつてと比べれば、最近では多様性を認めようという流れもありますが、大人でも職場で同じようなことは、まだ根強くあるように思います。

それから、受験競争で不利になるという問題がありますよね。休むと勉強がわからなくなっちゃうし、競争に乗り遅れてしまうから、休めない。学校は、平等を謳う一方で、「学力」で人を選別する装置でもあるわけです。休むことで不利になって、その不利益は自己責任で片づけられてしまうのでは、休むに休めません。教育機会をいくら多様化しても、受験のシステムや、学校と「社会」との接続のあり方が変わらなければ、結局はその多様化した教育の場も、進学率だとか就職率だとか、既存の価値観で評価され、選別されてしまいます。

もうひとつ、わたしが疑問に思うのは、皆勤賞が美徳とされているのはなぜなのかということです。大人に対しては「働き方改革」で、有給休暇の取得率を上げようとかいっているわけですよね。それなのに、子どもに対しては休まないことを規範としている。いまだに「不登校は怠けだ」という見方も根強いですが、その背景にあるのは、こうした規範を内面化しすぎていて、多くの児童生徒が学校を気軽に休めないという問題が大きくあるように思います。自分もこんなにガマンしているのに、ガマンしない人はずるい、みたいな。でも、その怒りの矛先は、休んでいる人に対してではなく、こんなにも休みにくい構造にこそ、向けられるべきものではないか、と思います。

教員の不登校？

教員にとっても同じ問題があるように思います。教員が多忙をきわめ疲弊していることは、以前から指摘されています。いわゆる過労死ライン（残業時間80時間以上）で働く教員は小学校で14・

2%、中学校では36・6%にのぼります（「教員勤務実態調査」2022年度速報値）。休憩時間も平均で20分程度と短く、持ち帰り残業も多く、とりわけ部活の顧問は大きな負担となっているといいます。学習指導要領では、部活動は「生徒の自主的、自発的な参加により行われる」となっているにもかかわらず、全国の中学校で、部活動の顧問を「全教員が当たることを原則としている」学校は87・5%にもなります（スポーツ庁「全国体力・運動能力、運動習慣等調査」2016年度）。しかも教育課程外の活動であるため、時間外勤務であるにもかかわらず、顧問は教員が自分の意志で自主的にしていることになっていて、不払い労働で、土日までも費やしていたりします。2017年度からは、部活動指導員が制度化され、部活の地域移行が進みつつありますが、教員が忙しすぎる現状は大きな問題です。

そうしたなか、精神疾患により休職した公立学校全体の教職員数は6539人で在職者の0・71%、精神疾患により1か月以上の病気休暇を取得した人を合わせると計1万2192人で在職者の1・42%におよびます（「人事行政状況調査」2022年度）。また、精神疾患を理由に離職したのは、小学校で571人、中学校で277人（小・中とも定年以外の離職者の約8%）で、いずれも過去最多となっています（「学校統計調査」2022年度中間報告）。これは、いわば教員の「不登校」ともいえるでしょう。

休むことの価値は、教員にとってもたいへん重要なものだといえます。教員は、自分たちにとっても休むことは大事だという観点から、子どもとも休むことの重要さを共有することができるので

図　18歳以下の日別自殺者数

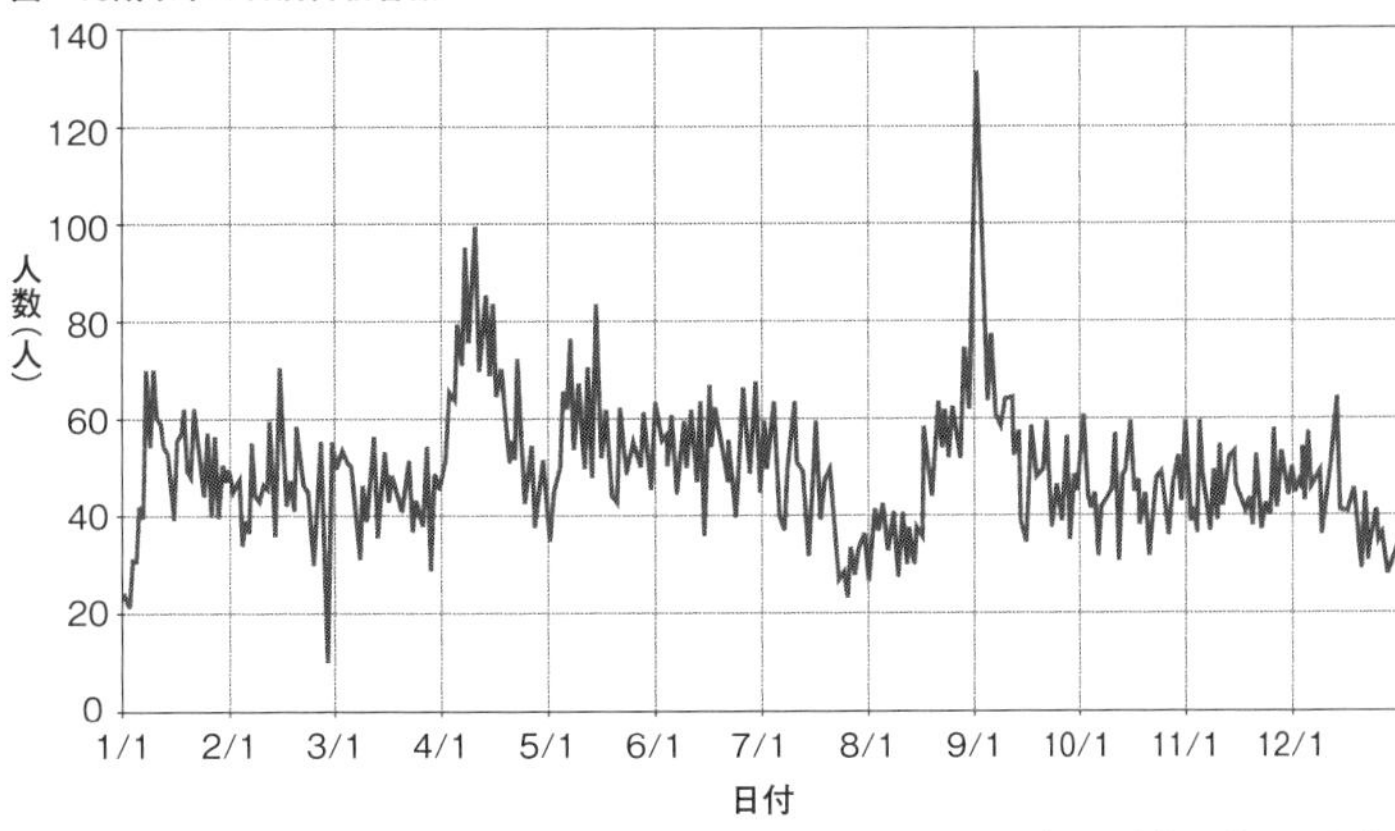

（出所）2015年版自殺対策白書から抜粋（過去約40年間の厚生労働省「人口動態調査」の調査票から内閣府が独自集計）

はないでしょうか。それだけでも、学校のしんどさは、だいぶ変わるように思います。

3　選択肢が増えれば解決する？

さて、グラフをひとつ、見てもらいたいと思います。

上図は２０１５年に内閣府が発表したデータで、それまでの過去40年間の18歳以下の自殺者数を日別で比較したものです。日別で集計してみたところ、突出して多いのが9月１日、次に多いのが4月初旬、その次に多いのが１月の初旬となっていることがわかりました。つまり、学校の長期休み明けに自殺者数が突出して多いわけです。

これは不登校の文脈のみで考えられる問題ではありませんが、まずは、いったん不登校の側から考えてみたいと思います。不登校している子どもからすると、平日の昼間というのは、ものすごくしんどいんですね。

みんなが学校に行っているときに、自分だけ家にいる。家から一歩外に出たら「あなた今日、学校は？」というまなざしを感じるので、外に出にくいし、出られない。そうすると、おのずと昼夜逆転になったりする。ところが長期の休みの期間は、平日の昼でも外に出やすい。ほかの子も学校を休んでるからですね。ところが、また学校が始まると思うとしんどい。そういうことはあると思います。

ただ、この自殺者数にそれが現れているかは定かでありません。むしろ学校は休んじゃいけないと強く内面化していて、苦しくても不登校できないという人のほうがあてはまるようにわたしは思います。たとえば、いじめがあったり体罰があったり、暴力被害の状況を生きていて、夏休みだけはちょっと距離をとれたり休めているという子どもが、それでも学校は休んじゃいけないと思っている。そこで不登校できたら、まだいいわけですけれども、休んじゃいけないと思っていて、でも、またあの日常が戻ってくる、また学校が始まるというときに、非常に苦しくて、追いつめられてしまう……。そのようなこともあるのではないかと推測されます。もちろん、自殺の理由を単純化してとらえることは慎まなければなりませんが、学校を休んではいけないという規範は、ときに人を死まで追いつめかねないものだということはいえるように思います。

では、どうしたらよいのか。フリースクールなどを運営している人たちからは、学校以外の選択肢を認めてほしいという声があがりました。画一的な学校に合わない子がいるのは当然で、むしろ多様な教育機会をつくっていって、それを選択できるようになれば問題が解消するんじゃないか、ということですね。選択肢が増えれば、学校に行かないことで、そこまで追いつめられることはなくなるだろうと。そうした運動の結果、2016年には教育機会確保法という法律ができました。

でも、本当にそれで問題は解消するのでしょうか？　一理はあるかもしれません。しかしわたし自身は、フリースクールにかかわってきた立場でありながら、そう単純な問題ではないと思っています。

がんばらないと認められない？

まずひとついえるのは、不登校は教育のみの問題ではないということです。一般的には教育問題として語られることが多いですが、むしろ先にも述べたように、子どもの関係世界が学校に囲い込まれてしまった結果、学校に行かなくなると孤立してしまうという問題が大きいとわたしは思っています。それは、周囲のまなざしの問題でもあります。学校に行かないこと、あるいは休むことを異常視するまなざしがあって、それが子どもを孤立させてきた、あるいは親も孤立させてきた。

ただ、近年は「不登校でもいいじゃないか」という声もだんだん大きくなってきて、不登校そのものを異常視するようなまなざしは、やわらいできたかもしれません。でも、学校に行かないのであれば、その代わりに何かがんばっていれば認めるといったまなざしは強まっていて、評価のまなざしは学校の外にまでおよぶようになりました。そうなると、学校と距離をとっても、家にいても、休みにくいことになってしまう。

そういう意味では、「不登校でも成功しました」といった語り方は有害だとわたしは思います。これまでは、「不登校だと社会で生きていけない」という偏見が強かったため、それに対するカウンターとして、「不登校でもだいじょうぶ」とか、「不登校でもこんなふうに社会でやってます」という語り方が必要だった面はあるように思います。しかし、それではかえって強迫的にがんばらないといけないことになりかねませんし、それは、本人にとって、とても苦しいことのように思えてなりません。むしろ、不登校を否定視するまなざしの奥にある、人を評価選別するまなざしこそ、問い直す必要があるのではないでしょうか。

先ほど、不登校の運動では80年代からフリースクールなどがつくられてきたと述べましたが、それは「学び場」としてよりも「居場所」として機能してきたところがあるとわたしは思ってきました。居場所というのは、植物にたとえたら、根を張る土壌のようなものです。土に根を張ることができて、地上に枝葉を伸ばしていける。人の「いる・ある」を受けとめる土壌があって、「する・できる」ことも可能になる。樹医に聞いたことがありますが、樹の病気というのは、土壌に原因があることが多いそうです。素人(しろうと)は病変の出ている枝葉だけを見て、そこをなんとかしようと思ってしまいがちだけど、それはまちがっていて、根を張る土壌の改善が必要とのことでした。先に紹介した「腐ったものを食べたら下痢をする」と同じようなことですね。

今、子ども若者がなぜ苦しいのかと考えたときに、ひとつには、この「いる・ある」を受けとめる土壌がどんどん痩せてしまって、「する・できる」ことばかりが求められ、肥大化してしまっているという問題があるように思います。ただ存在していていいわけではなくて、がんばっていないと、自分の存在が認めてもらえない。業績承認ばかりが肥大化してしまって、存在承認の部分が縮減してしまっている。学校でも、業績承認のまなざしがどんどん強まっているから、子どもがしんどくなっているという面はあるでしょうし、家庭でも、社会全体でも、そういうところがあるかもしれない。だから、生きづらい。みなさんの実感としては、どうでしょう?

4　だいじょうぶであるには?

では、何が必要なのかと考えたとき、わたしは教育機会の多様化とか選択肢を増やすことよりも、逃げ場があることが大事だろうと思っています。よく「逃げてはいけない」という人がいますが、わたしはむしろ逃げることは大事だと思います。フリースクールなども、そのすべてではないにしても、逃げ場として求められてきた面が大きいように思うんですね。

「逃げてはいけない」という規範は「休んではいけない」という規範と同じく、ときに大きな問題を引き起こしてしまいます。たとえば、いじめ、パワハラ、DVなどがあるとき、その暴力から逃げることは重要です。その場から距離をとってみて、はじめて、その場や関係のおかしさに気づくことができる。距離をとらないと、ますます逃げられなくなって、暴力がエスカレートして、取り返しのつかないことになりかねません。また、自分のいる場は、そこだけが世界だと思ってしまいがちですが、逃げてみて、新たな可能性に開かれることもあります。それは、あらかじめ見えている、あるいは用意されている選択肢というよりは、それまで思ってもみなかった可能性に開かれるということだと思います。

それは、業績承認的なものではない価値観のある場や人と出会えるということでもあるでしょう。業績承認や評価のまなざしではない場だからこそ、そこが居場所になる。しかし、フリースクールなども、教育機会の場として、業績評価が重視されていくと、逃げ込むことも休むこともできない場になってしまうように思います。

ただ、存在承認の場が必要だといっても、それを家庭のみに縮減化してしまって、家族のみで抱え込むというのはしんどいですし、あるいはフリースクールなどでも、そこのみで抱え込むのはしんどいし、あやうい。そういう場は、一歩まちがえればカルト化してしまう危険もあります。実際、フリースクールにおいても深刻な人権侵害が起きていたケースはありますし（東京シューレ性暴力事件など）*、閉じた関係の場にするのは、どんな理念をもっている場であっても危険です。

将来はだいじょうぶ？

また、こういうことをいっていると、かならず「将来はどうするの？」と聞かれます。「いるだけでいい」とかいって、そんなに甘やかしていたら、逃げてばかりでダメな人になってしまう、社会は厳しいものだし、そんなことでは社会でやっていけない。子どもの将来に対して無責任ではないのかと。

しかし、わたしは、そういう規範を内面化しすぎていることこそが問題だと思っています。社会のすべてが「いるだけでいい」場になるなんてことはありえませんが、休めない社会とか、逃げ場のない社会なんて、悪夢のディストピアでしかありません。もちろん、社会には業績評価もあるわけで、それと無関係に生きられるユートピアがどこかにあるわけではありません。しかし、それを相対化できる関係や場は、誰にとっても必要なもので、そこが痩せてしまっているからこそ、多くの人が生きづらくなっているのではないでしょうか。

また、教育のあり方について、これまでの学校教育では上から下に教え込むことが多く、もっと子どもを主体にした学習が大事だということが、フリースクールなどの運動のなかではいわれてきました。しかし、近年は学校のなかでもアクティブラーニングが進められていますし、ICTを活用して、子どものやる気を測定するみたいな話まであります。テストの結果だけで人が選別される仕組みもおかしいですが、全生徒に配布されているICT端末を通じて、成績だけではない、さまざまなビッグデータが収集されています。主体性までもが測定され、評価され、選別されてしまう。

評価のまなざしは社会のすみずみ、個々人のすみずみにまで浸透していて、そこから逃げるなんて不可能のようにも思えます。学校がしんどい場で、それに対する逃げ場としてのフリースクールという構図はひと昔前のもので、今や学校もフリースクールも業績承認の場になりつつあります。がんばる人が認められる道は多様になったかもしれませんが、がんばれない人への圧力はかつてないほど高まっています。しかも、今はがんばって認められている人も、ずっとがんばりつづけなければならず、がんばれなくなったとたん、ポイ捨てされてしまうのではないかという不安にさいなまれているとはいえないでしょうか。そうした不安を抱えているなかでは、がんばれない人、がんばらない人が悪者にされて、バッシングされてしまう（たとえば生活保護バッシングのように）。どうやって、そこから逃げたり、撤退できたり、休めたり、がんばらないでもいい場をつくることができるのか。それは、不登校している人だけの問題ではなく、むしろ学校を休んではいけないと思っている人たちとこそ、考えあいたいことです。

だいじょうぶじゃない社会のなかで

先ほど、学校に行く動機というのは、自分のなかに動機があって行っていたのか、それとも学校には行かなければならないという規範のようなものがあって、何か自分にかかっている力みたいなものがあったのか、と問いました。いずれにしても、何か、かかっている力がある。それは何なのか。何が人を学校に向かわせてきたのか。

不登校が問題化された時代というのは、学校に行けばだいじょうぶになるのに、そこに行かないことが問題化されたのだといえます。学歴によって人が選別されて、そこで極端な格差が生まれる。だからこそ学校に行かなきゃいけないという規範ができて、それが人を学校へと駆り立ててきた。そして、その裏返しとして、不登校が問題化されてきたわけです。それは構造的暴力だともいえます。不登校をめぐって、最近では個性のひとつとして認めようという向きもありますが、構造的暴力の問題を問わないで、個性や本人の意志の問題とするのは、ゴマカシでしかないと思います。

また、今や学校に行っていても、ぜんぜんだいじょうぶな時代じゃなくなっています。学歴だけで人が選別されるのではなく、もっと多様に評価され選別されるようになってきていますし、がんばりつづけないといけないように、人を駆り立てる力は、むしろ強まっています。そうしたなかで、先にも見たように、教員もだいじょうぶじゃなくなっています。

じゃあ、だいじょうぶな学校とか社会にしていくにはどうしたらいいんでしょうか？　将来のことをいうのであれば、過酷になるばかりの社会のなかで、いかに個人がそこに適応するかを考えるだけではなく、学校とか社会のあり方を問わないといけないし、どうあったらだいじょうぶな学校や社会になるのかを、一緒に考えていかないといけないと思います。

今までだと、不登校の子どもに対して、周囲からは「自分だって、しんどくても休まずに学校に行っているのに、休んでいる子はずるい」みたいなまなざしが向けられてきたところがあります。あるいは親も、「自分はこんなにがんばってきたのに」みたいな思いがあって、子どもががんばらないのは許せない、というところがあったように思います。だけど、しんどいんだったら、そのしんどさを抑圧して、他者への攻撃として向けるのではなくて、そのしんどさからこそ、今の学校や社会のあり方を問うていく、そういう共同性みたいなものが必要ではないでしょうか。

後編は、書き手を交代して、みずから不登校経験があり、「不登校の〈その後〉」を研究している社会学者の貴戸理恵さんに、もう少し広い視野から書いていただきます。

＊ フリースクール東京シューレが1998〜2001年にかけて長野県で実施していた「宿泊型フリースクール」において、当時10代だった女性が、成人男性のスタッフから繰り返し性暴力を受けていたことが、被害者の起こした裁判によって明らかとなった。事件には、全国不登校新聞社もかかわりがあった。本書では、事件についてきちんと触れる紙幅がないが、事件のことも常に念頭におきつつ、執筆したつもりである。また、筆者には、東京シューレでスタッフをし、その後、不登校新聞の編集長や理事をしていた経緯があることから、本件について考えつづけていく責務があることを注記しておきたい。

（山下耕平）

後編　何のために学校に行くの？　社会とつながるって？

はじめに

「おれショックやったわー」

学校から帰ってきた小学5年生の息子が、ランドセルを下ろしていいました。「みんな、学校好きなんだって！」

在宅で仕事をしていたわたし（貴戸）はパソコンから目を上げました。

息子は学校がキライ。夜は「明日は学校かぁ、イヤだなー」とぼやいて眠り、朝は「あー！ 今日も学校だー、イヤだー！」と叫んで起きます。「何がいやなの？」と聞くと、「ぜんぶ。勉強も休み時間も掃除も、もうあの建物に行くことがいや」とのこと。

実は、わたしには息子の気持ちがよくわかります。わたし自身が学校がきらいで、小学校時代のほぼすべてを、学校に行かずに家で過ごしたくらいです。

「うんうん、そうだよね、学校いやだよねー。もう考えただけで暗くなるし、学校って言葉聞くだけで元気うばわれるよねー、わかるわ」

毎朝心の底から共感していたので、息子はそれが当然だと思ったのでしょうか。わたしはちょっと反省しました。

「みんなはなんで学校好きなの？」

「友だちに会えるし家にいてもひまやし、朝起きんのだるいけど学校は好きだって」

「そっか。まぁ、いろんな子がいるってことだよ」

自分でいいながら、「学校に行きたくない気持ち」もいろいろなはずだ、と思いました。

息子の「学校に行きたくない気持ち」と、昔の自分の「学校に行きたくない気持ち」は、どこが同じでどこがちがうのでしょう。息子は、わたしが「そんなにイヤなら学校やめて近所のフリースクール見学に行ってみる?」などと提案しても乗ってこず、「くそー、くそー」といいながら、なぜか登校はしています。だけど子どものころのわたしは、「学校には行きたいんだ」といいつつどうしても、行けなかったのでした。

この〝授業〟は「不登校」がテーマですが、「不登校をする特別な子ども」を理解しようとか、支援しようという意図で書かれてはいません。不登校を考えることは学校について考えることであり、「なぜ学校に行かないか」を問うことは、「なぜ学校に行くのか」を問うことでもある。わたしはそんなふうに考えています。

たとえば、「学校に行かないと、将来きちんとした仕事に就くのが難しくなるよ」という人がいます。でも、「きちんとした仕事に就く」とはどういうことでしょうか。「学卒新卒で雇用や賃金が安定した企業に正規雇用で勤める」ということでしょうか。2022年度の「労働力調査」を見ると、15歳から34歳までに占める非正規雇用者の割合は約20%です。それに失業者や、不本意なかたちで求職活動をしない/できない無業者、正規雇用だけどブラック企業勤めで疲弊(ひへい)している人などを含めたら、若者の4人に1人とか3人に1人くらいの人が「きちんとした仕事に就く」ことが難しい社会になっていると考えられます。「学校に行っていればだいじょうぶ」というわけではないのです。

また、「今『安定した仕事』だと人びとが考えている仕事」が、子どもたちが大人になる未来にもそうだという保証はどこにもありません。AIなどの科学技術の進歩、気候変動、貧困や格差の拡大など、世界はさまざまなリスクに満ちています。たとえば、2020年からの数年間は、新型コロナウイルスの世界的な流行が人々の暮らしを根底から変化させました。これは前代未聞の危機と受けとめられましたが、よく考えたら2011年には東日本大震災が、2001年にはアメリカ同時多発テロ事件が起こっていて、未曽有の事態が10年に一度は発生している現実があります。

子どもの未来への想像は、それを見据えたかかわりを考える点で、大人たちの現在の課題でもあります。今学校に行っている子の将来、今不登校をしている子の将来は、どうなるかまったくわからないのに、まだわたしたち大人は、「小学校2年生なら掛け算の九九は暗記しないと」「出席も内申点もないのに高校受験どうするんだ」などと、30年前と同じ対応をしつづけるのでしょうか。

答えはありません。こんなふうに書いているわたしだって、正直にいえば、子どもが学校のテストで赤点をとってくれば「塾に行かせて勉強時間を管理してもらったほうがいいかな」などと考えてしまう想像力の欠如した母親のひとりです。でも、そうやって日々の暮らしを足元でまわしながらも、問い、疑い、考えつづけることが、「大きなまちがい」を避け「小さなまちがい」にとどめるための、現実的で有効な手立てだと思っています。

以下では、わたし自身の不登校経験や、不登校の理解のされ方の変化について述べたのちに、より一般的な「学校に行きたくない気持ち」について、近代教育の仕組みから見ていきます。そのうえで、「不登校のその後」について考えます。

1　わたしの話と、精神医学による「個人の異常」とする不登校理解

わたしが学校に行かなかったのは、1985年から1991年の小学校のころのことです。当時、不登校の数は毎年どんどん増えていて、発表されると「過去最悪を更新」などと騒がれていました。といっても1980年代の不登校者数は4万人前後ですから、今よりずっと少なく、「あそこの学校では不登校が出た」といわれるような、そんな時代です。

わたしには、学校に行かなくなるもっともらしい理由はありませんでした。学習の遅れもいじめもなく、友だちはそれなりにいて、小学生なので厳しい校則や体罰などもないし、両親は普通にわたしや妹の教育に関心を払う中流家庭でした。それでも、わたしは、どうしても、学校に行くことができませんでした。

たぶん、わたしは少し変わった子どもでした。同じ幼稚園に通う近所の子どもたちとは、それなりに一緒に遊んでいたけれども、集団のなかにいるよりも、ひとりで草花を摘んだりどんぐりを拾

ったりしていることが多かったです。カラスノエンドウが咲いたな、もうすぐ小さな豆ができるな。あっちの空き地には薄紫のニワゼキショウがあるんだ、濃いピンクじゃないのは貴重。そんなことを考えながら、うっとりと、ひとりの世界に浸(ひた)っているのは幸福でした。わりと早くから字をおぼえ、幼稚園のころから、読めない漢字にルビを振ってもらって本を読んでいました。

小学1年生のころのことは、40年近くたった今でも思い出すことができます。鉄筋コンクリートのL字型の校舎には、ひとりになれる逃げ場がありませんでした。冷たいクリーム色の廊下やがたがたいう木製の机といす、四角い黒板とチョーク。すべてが怖くて、にぎやかなほかの子どもたちのことも同じ人間だと思えず、学校に行くと、ひたすら息を殺して「ここでは何が起こっているのか」を読み取ろう、そしてふさわしいふるまいをしよう、と神経を研ぎ澄まし、疲れ切ってしまうのでした。やがてわたしは朝がくると、登校を拒んで泣き叫ぶようになりました。

1980年代、不登校は「登校拒否」と呼ばれ、広く社会問題として認知されるようになっていました。その一方で、まだまだ1960年代以来の学校恐怖症という概念を念頭においた個人の病としての理解が強く、精神科で治療してもらう必要がある、とされていました。学校恐怖症とは、簡単にいうと「母親に対して依存的な子どもが、母親から離れる不安を学校への恐れに置き替える神経症」ということですから、原因は子どもや親の未熟なパーソナリティや病んだ関係性だということになります。そうした子どもたちは、たとえば勉強がきらいで遊んでいたいという気持ちから「学校に行きたくない」と思う一般的な子どもたちとは質的にちがう、病的な存在と見られました。

非行や怠(なま)けではない、本人に学校に行く気持ちはあるが学校を怖がってどうしても登校できない、というわたしのようすは、この神経症的な理解によくあてはまりました。実際に、当時在籍していた小学校からは精神科の受診を勧められたこともあります。わたしの不登校にはじめは戸惑っていた両親は、不登校の親の会やフリースクールなど「学校外の子どもの居場所」を生み出す社会運動の考え方に触れ、状況を受けとめるようになっていました。「この子は別におかしくない。こんなに学ぶのが好きな子どもが学校に行けないなら、それは学校のほうがおかしいのでは」。そんなふうに考えて、精神科にわたしを連れていくことはありませんでした。

その後、わたしは中学から学校に行くようになり、高校・大学・大学院と進学します。不登校など生きづらさを抱えた人がどのように他者や社会とつながっていくかを、社会学という領域に軸足をおきながら考えることが、ライフワークとなりました。

わたしは20代になってから、1980年代に書かれた精神医学の本を読みましたが、たとえば不登校となった子どもの印象として「想像力欠如・対社会的回避」などという記述があったりして、「診療室でほんのちょっと話したり心理テストやったりしただけでひどい言いようだな。想像力がないのはあなたのほうじゃないの」と怒りをおぼえたものでした。「登校拒否児」の父親や母親の性格を「自我防衛が強い」「心気症(しんきしょう)的」「過保護」などと無遠慮に決めつけた表現も多く、あらためて、わたしが不登校だったせいで両親はこんなふうに世間から見られていたのか、とショックを受けたりもしました。

今もそうした思いはありますが、同時に時代の制約のなかでものを考えるとはこういうことなのだろう、と感じることも増えました。わたし自身がそうした制約のなかで考えたり書いたりしているのですから、他人ごとではありません。その制約にせめて自覚的でありたい、と思っています。

2 社会学による説明——「社会の変化が不登校として現れている」

不登校を個人の病として精神医療の対象とするとらえ方は、不登校の数が増加し、さまざまなタイプの不登校が見出されていくなかで、次第に現実に即さないものになっていきました。もともと学校恐怖症や登校拒否といった概念は、ある輪郭をもった特定の症状が出てしまう限定的なケースにのみ、あてはまるものでしたから、それを「学校に行かないこと」全般の説明として考えるほうが、無理があったといえます。

現在では、「学校に行かない人＝異常、学校に行く人＝正常」とするのではなく、学校に行かない人と行く人は連続線上にあって、何らかの条件が重なって「学校に行かない」という状態が生じているのだ、という考えのほうが一般的です。

そうしたとらえ方の変化のきっかけのひとつに、森田洋司さんという社会病理学者による『不登校現象の社会学』（１９９１年）があります。森田さんは、文部省（当時）の科学研究費を取って大規模調査をおこない、「登校拒否といえるほどの欠席日数はなくても、遅刻や早退が多かったり、学校に行きたくない気持ち（登校回避感情）をもっているグレーゾーンの子どもたちがたくさんいる」ことを明らかにしたのです。それまで、不登校の分析は精神科医のもとを訪れた10ケースもないような「症例」にもとづくものが多かったのですが、森田さんの研究では大都市の中学生約6000人を対象にアンケート調査がおこなわれました。それにもとづいて、不登校になった子どもはいわば氷山の一角であり、海面の下には、まだ顕在化していないけれども同じ問題のすそ野を構成する多くの、多様な子どもたちがいる、とされました。

この考え方によれば、わたしのように「本当にしんどくて学校に行かない人」と、息子のように「学校に行くのはイヤだけど、なんとかがまんして学校に行っている人」は、一続きのグラデーションのなかの濃淡のちがいしかない、ということになります。

また、森田さんの研究のおもしろいところは、「なぜ不登校の子どもは学校に行かないのか」と問うのではなく、「なぜ多くの子どもは学校に行っているのか」と問いを反転させたことでした。逸脱（いつだつ）の社会学には、「社会的絆（きずな）（ソーシャル・ボンド）理論」という考え方があります。「なぜ人は犯罪をするのか」ではなく「なぜ多くの人は犯罪をしないですんでいるのか」と問い、「社会との絆がしっかりしているとき、人は犯罪に走らずにすむ」とする考え方です。この考え方によれば、「犯罪をする人」は特別な人ではなく、多くの「犯罪をしない人」と地続きで、「犯罪をしない人」にも「逸脱しちゃおうかな」と思う瞬間はあるけれども、「家族や友だちの悲しむ顔を見たくない」とか「これまで一生懸命勉強してきたのが無駄になるな」とか「犯罪は悪いことだからダメだ」などと考えて、「いやいや、やっぱりやめておこう」となっているにすぎません。つまり「犯罪をしない人」には、社会のほうにつなぎとめられる何らかの社会的絆がある、というわけです。

こんなふうにいうと「絆がある人は犯罪をしないですむなら、その人がたくさんの絆をつくればいいんだ」と個人ベースでとらえてしまいがちですが、かならずしもそういう問題ではありません。ポイントは、社会全体をおおっている「個人をつなぎとめる社会的な絆が弱っている」という問題が、たまたまその個人のうえに現れている、とする視点をもつことです。

森田さんは、この考え方を不登校に応用しました。ひとりの人間が学校に行かなくなるには、子ども本人や親子関係だけではなく、社会の事情も大いに関係してきます。「学校には行くべきだ」という社会規範が共同体に広く分けもたれていれば、不登校になるまでの敷居は高くなり、心の病気になってしまうくらい「絶対無理!」という人しか実際に学校に行かなくはならないでしょう。この「制度や規範に従うべきだ」という考えが共有されていることも、社会的絆のひとつのあり方です。ところが、地域社会が衰退し、「みんな」を一様に束ねる価値観が失われていくと、「人それぞれだよね」となって不登校の敷居は下がり、それまでだったらしぶしぶ登校していたはずの子どもたちも、さまざまな理由から学校に行かなくなり、全体の数が増えると考えられます。この学校に行くか行かないかが個人の問題になっていくさまを、森田さんは「私事化(プライバタイゼーション)」という近代社会の傾向だとしました。多様なあり方が認められるようになるということは、しがらみから自由になることであると同時に、社会的絆が薄まることでもあるわけですね。そういう社会の傾向が、個々の子どものうえに不登校というかたちで現れている、としたのです。

この分析には説得力があり、不登校をめぐる政策にも影響を与えました。学校に行かないことを個人の異常ととらえないという発想は、２０００年代以降の「不登校自体が悪いわけではないが、その後の進学・就職の状況を見ると、〈よいその後〉と〈よくないその後〉がある」という「進路の問題としての不登校」理解につながるものでした。また「不登校のすそ野」への着目は、「早期発見・早期対応」という政策的介入をうながしたと考えられます。

ただ、この研究が焦点をあてるのはあくまでも社会に表れた「不登校現象」の全体像であって、個々の不登校の子どもや親のリアリティに迫るものではありません。不登校を「社会のあり方を映し出すスクリーン」のようにとらえているので、現実の不登校を生きる人々のことは素通りです。当事者の視点から見ると、はっきりいって物足りない。でも、だからこそ見えてくる全体のようすというものがあるのも一面の現実なのです。

ここまで、精神医学の「個人の異常」とする説明と、社会学による「社会のあり方が不登校として現れている」とする説明を見てきました。このふたつはまったくちがう観点から不登校を理解しますが、実は「学校に行きたくない気持ち」に関しては、ある意味で共通した前提をもっているといえます。

精神医学の理解では、そもそも非行や怠けなど学校自体がいやで行かない子どもは、義務教育制度ができて以来ずっと存在しつづけている、特別な説明はいらない存在であり、「そうではないのに、なぜか学校に行かない／行けない子ども」が精神医学の新たな枠組みで説明すべき対象になったのでした。また、『不登校現象の社会学』の説明は、平たくいってしまえば「これまで多くの子どもが休まず学校に行っていたのは、〝学校は大事、休むなんてとんでもないぞ〟というコミュニティの演出が効いていたからだ」ということですから、「周囲が学校を祭り上げてことさらにプッシュしなければ、子どもはもともと学校になど行きたくないものだ」という前提があるともいえます。つまり、たんに勉強がいやだからとか、遊びたいから、規則に縛られず自由に過ごしたいから、などの理由で学校に行きたくないと思うのは、不思議でもなんでもなく「当たり前」とされているところが共通しているのです。

「じゃあどうして、みんな行きたくない学校がそもそも存在しているの？　なんでそんなところに行かなきゃならないの？　この行きたくない気持ちはどうしてくれるの？」

息子ならぜったいにそう聞きたいでしょう。次はこの問題を、考えてみたいと思います。

3　なぜ勉強はつまらない？

学校に行きたくない気持ちを、もっと細かくとらえてみましょう。勉強がつまらない、時間割が決まっているからおもしろくない、先生や友だちとの人間関係がきゅうくつ、などさまざまなものがあると思います。

ここでは、「勉強がつまらない」について考えてみましょう。どうして勉強はつまらないのでしょうか。それは、やりたくもないことをやらされるからです。そして、将来何の役に立つのかさっぱりわからないからです。ではどうしてそんな、つまらない、学ぶ意味もわからない勉強をしなければならないとされるのか。実は、これは近代義務教育制度の成り立ちと深い関係があるのです。少し歴史の話になりますが、おつきあいください。

みなさんは、「学校の始まり」というと何を思い浮かべますか。日本史にくわしい人なら、江戸時代の寺子屋、もっとさかのぼって奈良時代の大学寮などを思い浮かべることができるでしょう。でも、これらはわたしたちがよく知っている「みんなが一定の年齢になったら、一定期間、一律の内容を学ぶ学校」ではありません。寺子屋は町人や豊かな農民の子どもが読み書きそろばんを習いに行ったものですし、大学寮は貴族の子弟のための官僚養成機関です。どれも特定の学びを必要とする一部の人が行ったにすぎません。

では、「みんなが一定の年齢になったら、一定期間、一律の内容を学ぶ学校」が整備されるのはいつでしょうか。それは、近代になり、義務教育制度ができたときです。近代とは、ざっくりいうと、身分制がなくなって産業化が進み、現代へと続く新しい社会秩序がつくられていく時代のことで、日本では明治維新以降を指します。

近代より以前では、人の仕事や生活様式は、生まれ落ちた身分によって決まっています。これを「属性主義」といいます。江戸時代には、士農工商という身分制がありました。武士の子どもは、朱子学を学び、武道の稽古をして、質実剛健に暮らす武士の大人になります。農民の子どもは、農具の手入れやわらじの編み方を学び、村で協力して農作物をつくり、信心深い働き者の農民の大人になります。生まれたときから「将来何になるか」が決まっているので、かならず役に立つとわかっていることを学びます。その学びは、生まれ育ちに刻み込まれた、生活様式と一体化したものです。

ところが、近代になると、武士の子どもも農民の子どもも同じ「子ども」とみなされ、建前上は差はないということになります。「将来何になるか」は、生まれながらには決まりません。ではどのように決まるかといえば、学校でどれだけよく学んだかという学業達成によって決まるのです。この「誰であるか」ではなく「何ができるか」によって到達地点が決まる仕組みを、「能力主義」といいます。能力主義は近代の人材配置の基本原理であり、その要には学校があります。

義務教育制度では、みんなが一定の年齢になったら小学校に入学し、一定の内容を、一律に学びます。新しくできた学校では、将来大工になる子も、医者になる子も、農業をやる子も、公務員になる子も、みんな同じことを学ぶのです。これはある意味「平等」ですが、生活と勉強が切り離されることでもあります。日常生活では使わない計算、家に書物なんかないのに読まされる本、まったく必要性を感じない英語。いいえ、もしかしたらなかには「新しいことを学べてうれしい」という子どもがいて、どんどん勉強し、それまでの生活圏を飛び出して出世していくかもしれません。けれども多くの子どもにおいては、生活と切り離されればされるほど、勉強はつまらなくなります。

では生活に根ざした勉強だけしていればいいかというと、そういうわけにもいきません。生活と勉強がくっついていればいるほど、身分制の社会に近づいてしまうからです。前編で出てきた漁師のような、「学校で英語を勉強しても鯛は釣れないでしょ。釣り方は親父に教わるからいいんだ」という人は、雲の流れから天候を読んだり、仕掛けをつくったり、碇（いかり）をおろす方法など、実際に生活の役に立つ知識や技術をやりがいをもって学ぶでしょう。でも、そうした学び方では、伝統的な生活を維持することはできても、学歴を得て新たなキャリアに開かれる「立身出世」はかないません。結果として、親や地元の人たちと同じ職業に自分も就くことが多くなっていきます。

平等になると、勉強が生活と乖離（かいり）し、つまらなくなる。生活に根ざしたものを学ぶのは、やりがいがあるが、不平等だ。——これは近代教育の抱える大きな矛盾のひとつです。「勉強がつまらない、何の役に立つかわからないからやる気が出ない」というのは当然で、にもかかわらず、つまらない・役に立たない勉強が求められつづけているのは、突き詰めればここに源流があるといえます。

4　日本の特徴

日本についての具体的な話もしておきましょう。結論からいうと、日本では、さっき話した「平等になり、勉強がつまらなくなる」という矛盾が、幸か不幸か、ヨーロッパの国々より純度の高いかたちで現れることになりました。

江戸時代に鎖国をしていて欧米に出遅れた日本は、「追いつけ・追い越せ」とばかりに欧米のあとを追いかけて、近代化をスタートさせます。1872（明治5）年に学制が発布され、「邑（むら）に不学（がく）の戸なく、家に不学の人無からしめんことを期す（村のなかに学ばない家がないように、家のなかに学ばない人がないようにしていく）」として、初等教育の義務化がおこなわれました。

ところが当初、人々は子どもを学校に行かせることに抵抗し、農民一揆の際に学校が焼き討ちにされることもありました。就学拒否も多く、初期の就学率は30％程度です。大事な家業の担い手だった子どもを学校にとられたかと思えば、日常生活とはかけ離れたちんぷんかんぷんな知識を学んでくる。仮に一生懸命勉強しても、まだ産業化以前のことですから、近代的な工場や企業などで働くことはできず、多くの人はどのみち家業を継ぐだけ。そのうえ最初は授業料をとっていましたから、庶民の負担感は大きかったのです。

それでも明治政府は、国家主導で試行錯誤しながら義務教育を推し進めます。1900年代に入ると、間もなく小学校の就学率は90％に達します。そうこうしているうちに産業化も追いついて、庶民にも学歴の重要性が納得されるようになっていきます。こうして日本は、たった30年のあいだに、義務教育の普及を達成しました（といっても、女子や貧しい地域の子どもたちにまで「小学校は卒業するもの」という意識が行き渡ったのは、もっとあとになってからでしたが）。

これは、かなり大急ぎで無理をした結果でもありました。たとえばイギリスでは、まず18世紀後半に産業革命が起こって読み書きや計算ができる労働者が必要になり、民間の宗教団体などが庶民に教えはじめたのが、近代的な初等教育の始まりです。国家の介入はゆっくりで、すでに存在していた民間の学校に大蔵省が補助金を出すところから始まり、国家による法制化は１８７０年代ですから、およそ１００年かけて義務教育を整備していったことになります。粗っぽくまとめてしまえば、イギリスでは産業化が起こって教育ニーズが生じ、それに応えるかたちで学校が整備されたのに対して、日本はニーズがないところにまず国家が強引に義務教育制度を敷き、そのあとで産業化したわけです。イギリスが長距離マラソンを走ったとすれば、同じ距離を、日本は短距離走のスピードで駆け抜けたようなものです。

結果として、日本では、学校や学歴主義に、西欧には見られない特徴が生じました。

そのひとつに、「学歴競争に多くの人が巻き込まれる」ということがあります。遅れて近代化した日本にとって、近代化とは「西欧化」でした。大学では「お雇い外国人」の教員によってヨーロッパの近代的な知識が教えられました。大学入試の科目も、そのために必要な外国語や数学などです。そんな勉強は元武士や元貴族だってしたことはありませんから、スタートラインはあまり庶民と変わりません。そもそも江戸の封建制から脱却するために廃藩置県や版籍奉還がおこなわれ、明治時代には元武士たちはすっかり力をそがれています。そんなわけで、近代日本の学歴主義は、農民出身者や地方出身者を排除することなく、平等に巻き込んで広がりました。

ヨーロッパではそうではありません。大学は、中産階級の子どもが行くグラマースクール（イギリス）やリセ（フランス）、ギムナジウム（ドイツ）といった中等教育の延長にあるものでした。これらは、もとは中世以来の、ラテン語などを学ぶ古典語文法学校です。「文法学校って英会話スクールみたいなもの？」と思われるかもしれませんが、ぜんぜんちがいます。リベラルアーツと呼ばれる上流中産階級の古典教養を身につける場所で、ラテン語がその中心だった、ということなんですね。このような中等教育で学び、ドイツではアビトゥーア、フランスではバカロレアと呼ばれる中等教育修了試験に合格すると、原則そのまま大学への入学が許される。大学入学のために一生懸命になるのはおもに中産階級で、労働者階級はそんなものは関係ないと思っている。これがヨーロッパのパターンでした。

そこでは、生まれ落ちた身分や階級と、学びの内容は、強く結びついていくことになります。上流中産階級の人々にとっては、自分たちの生活文化や歴史に染みついた教養を学ぶことが、そのまま大学での学びの準備になります。庶民の場合は「中等教育→大学」コースになかなか入りづらくなりますが、他方では、そうしたエリートに疑いのまなざしを向け、「義務教育を出たら就職する」という人生に誇りを見出すような、ある意味で学校に対して斜にかまえる態度がつくられます。

歴史に「もしも」はありませんが、もし仮に、日本で元武士や元貴族が力をもったまま近代教育がつくられたら、どうだったでしょう。中等教育では儒学や日本の古典文学なんかが教えられ、それが大学での学びに結びつく、ということがあったとしたら？　「〈十五にして学に志す〉っていうでしょ。勉強しなさい」とか「桜、週末のお花見まで咲いてるかな。〈世の中に絶えて桜のなかりせば〉って気分だわ」なんていう会話を日常にしていている人が、高校で論語や古今和歌集を学ぶなら、勉強する意味は感じやすいでしょう。これだと、ほかの階級出身者を締め出すことになるのは明らかです。でもその反面で、庶民は「けっ、そんなお高くとまった学校なんかおさらばして、さっさと仕事の世界に入ったほうがずっといい」と、学校を相対化する態度を身につけたかもしれません。これはなかなか、痛快な状態ともいえるのではないでしょうか。

近代社会の原理は、「誰であるか」ではなく「何ができるか」によって社会的地位が決まる「能力主義」であり、その要に学校がある、と先にいいました。これはあくまでも建前にすぎず、実際には、学校は身分や地位によって有利・不利がある不平等なものだということは、ヨーロッパでは当たり前だと思われていました。

しかし日本では、ある意味で、そうした能力主義的な選抜が、西欧の国々よりも純度の高いかたちで達成されてしまったところがあります。ヨーロッパの背中を見ながら走った後発性ゆえにそうなったのだから、皮肉なものです。「誰でも学校の勉強をがんばれば出世できる」という平等性は、「学校の勉強が誰にとっても同じくらい無意味」になることによって、達成されている面があります。さらにそれは、学歴競争が多くの人を巻き込んで苛烈になっていくことと、表裏一体なのです。

そう考えると、近代教育を通じた能力主義的競争というものは、「かなってはいけない近代の夢」だったのかもしれません。

「なんだかよくわからないけど、勉強がつまんなくても当たり前ってことかな。そんな勉強をさせる学校に行きたくない気持ちも、当たり前なんだよね。それでも学校が必要だったのは、〈キンダイカ〉のためってこと？　とりあえず、昔は大人たちが学校に放火してたなんてびっくり」

息子なら、そんなふうにいうかもしれません。

「勉強がきらい」という子どもに出会うと、わたしはすごくやるせなくなります。子どもは本来的に、学ぶことやできるようになることが大好きです。ゲームに熱中してステージをクリアしたらうれしいでしょう。漢字はおぼえなくたって、ポケモンの名前は自然とおぼえてしまうでしょう。学校のプールで25メートル泳がされるのはイヤでも、家の前にビニールプールを出して近所の子たちと水鉄砲を打ち合って遊ぶのは楽しいでしょう。けん玉が得意なこと、バッタやトカゲを捕まえるのが上手なこと、小さい子を気づかいながら遊べること、そういうことだって、立派な学びの成果です。でも、学校はけっしてそれらを「勉強」と呼んではくれません。生活や遊びと切り離されたところに学びを閉じ込めてしまうことのもったいなさ。

だけど一方で、生活と切り離されたところにある学びは、「今・ここではない世界」へとわたしたちをつなげてくれることがあります。時代を超え、地域を越えて、「いつかどこかで誰かが考えたこと」の遺産を引き継ぐ行為は、半径5メートルの日常に居場所を見出せない人にとって、世界を広げ、新たなつながりをつくるきっかけになりえます。

最初はつまらないかもしれない、意味が見出せないことも多いかもしれない、それでも扉をたたきつづけていれば、いつかどこかの扉がすっと開き、目の前に踏み出すべき道が浮かび上がって

「ああ、もうわたしはここを、行くしかない！」と心躍(おど)ることが、あるかもしれない——。小学校には行かなかったけれども大学で学びのおもしろさに出会い、研究者としてのキャリアの途上にいるわたしは、そんなふうにも思っているところがあります。

5　不登校の「その後」

不登校を考えることは、学校について考えること。「なぜ学校に行かないか」を問うことは、「なぜ学校に行くのか」を問うこと。そんなふうに述べ、「勉強のつまらなさ」の理由を探るために学校の歴史を振り返ってきました。これをふまえて最後に、「不登校の〈その後〉」という話をしておきたいと思います。「不登校の〈その後〉」を考えることは、「学校に行った〈その後〉」を考えることで、これからの社会をどう生きるかという問いにつながっていると、わたしは考えています。

では、「不登校の〈その後〉」とは何でしょうか。

わたしは「専門は何ですか？」と聞かれると、「不登校の〈その後〉研究です」と答えることにしています。「社会学です」とか「子ども・若者研究です」などと答えることができればわかりやすいかもしれませんが、違和感があっていいづらいのです。なぜならわたしは、「まず研究者であって、研究対象として不登校を選んだ」わけではなく、「まず自分の不登校について考えたいというニーズがあり、それに応えるツールとして今は研究を選んでいる」というふうに、自分のことを考えているからです。

「不登校の〈その後〉」ということの言葉に、わたしはいくつかの意味を込めています。

ひとつは、不登校が「その後」の問題、つまり進路の問題とされるようになった2000年代以降の時代、という意味です。1999年、はじめて大規模な不登校の追跡調査がおこなわれました。中学時代に不登校経験があった人に、20歳になった時点で調査票を送り「どうしていますか」と聞いたのです。すると、約8割は何らかのかたちで就学したり就業したりしていた一方で、残りの約2割は、就学も就職もしていない状態であることがわかりました（ちなみにこの調査を主導したのは、先に紹介した『不登校現象の社会学』の森田洋司さんで、その結果は『不登校――その後』（2003年）という本にまとめられました）。これをひとつのきっかけとして、不登校は「進路の問題」であるとされ、「不登校でも進学したり、就職したりできる人」と「不登校を経験したのち、ひきこもったり無業になったりする人」との分岐がクローズアップされるようになりました。「不登校のその後」とは、その意味で、「不登校であること自体は、もう問題とはならない時代」でもあります。進路が問題になるのは不登校の人にとってだけではなく、ひきこもりや無業になる可能性は、程度の問題で、すべての子ども・若者にもあるわけですから。

でも、だったらもう不登校について考える必要はないのかといえば、わたしはそうは考えていません。

「不登校の〈その後〉」のもうひとつの意味として、不登校それ自体が問題とされていた時代のなかで生み出された思考や実践が今もなお重要である、という認識があります。前編でも触れられたように、「子どもが学校に行かないのは異常だ」とするまなざしは、ひるがえって「本当にそうだろうか？」という問いを喚起し、不登校の親の会や学校外の居場所などの設立をともなう草の根の社会活動が生まれました。

大阪で31年間「学校に行かない子と親の会」の世話人として活動した元定時制高校教員の山田潤さんは、『岩波講座4　いじめと不登校』に収録された論文「学校に『行かない』子どもたち――〈親の会〉が問いかけていること」のなかで、会における気づきを次のように記しています。

……円卓を囲む参加者の多くがたちまちのうちに気づくのである、「わが子だけではない。わたしだけではない。ここにこうして集まっている親子が『特殊・病的』であるというのなら、いったい『普通・健全』であるとはどういうことだろう」（岩波書店、１９９８年）。

この「特殊・病的」とされた側から「普通とは何か」を問う視点こそ、この活動の最も大切な部分であり、現代において忘れられがちな、重要なポイントだと思います。

不登校自体が問題とされず、一般的な若者のキャリアの問題に回収されていけば、当然のように、「就学・就労する未来が望ましく、無業でひきこもる未来は望ましくない」ということにされていくでしょう。そこでは、「きちんと働いて自活していくにはどうすればいいか」という問いが前面にせり出してくることになります。もちろん、自分が生きやすくなる将来に向けて、現実的な選択肢をしっかりと検討していくことは大切です。けれども、足元から視線を上げて社会構造に目を向ければ、さまざまな矛盾が見えてきます。

たとえば非正規労働者は、職場の柔軟性を確保したり賃金コストを下げるために必要とされているにもかかわらず、その人たちには「自分と子どもを食べさせていける」だけの所得が保障されているとはいえません。過重労働や職場のハラスメントなどの問題も深刻で、精神を病むこともあり、正社員になればよいと一概にいえない現状があります。そもそも教育には格差・不平等が歴然とあり、出身家庭の階層（親の学歴や年収）によって、本人の学力や学歴には差があることがわかっています。学歴やジェンダーはその人の仕事に影響しており、高卒以下の学歴であるほど、そして男性より女性であるほど、非正規雇用になりやすい傾向が顕著です。

こうした問題を直視する構造的な視点を見失ってしまえば、「だから〈負け組〉にならないようにがんばらなきゃ」と、自分が生きやすくなる道を探した結果、他者に背を向け孤独な競争に身を投じることになりかねません。そうならないために、「特殊・病的」とされた立場から「本当にそれでいいのか？」と問い直していく視点が重要になってくるとわたしは思います。

不登校の〈その後〉研究の課題は、不登校が一般的なキャリア形成のさまざまなリスクのひとつとされていく時代において、「不登校でもきちんと社会に出ていける」と主張するのではなく、「そもそも社会とつながるとは何か」と根本から問うていくことです。生きづらさや弱さを抱える人が、生きづらさや弱さを抱えたそのままで、他者や社会とどのようにつながれるだろうかと、問いつづけていきたいのです。その思考をあえて「不登校の〈その後〉研究」と呼ぶことで、わたしは、不登校という経験が開きうる豊かな問いの可能性を、示していきたいと考えているのです。

あらためて、人は何のために学校に行くのでしょう。

歴史を振り返れば、学校制度は近代化のための装置でした。今わたしたちは、近代化が達成されたあとの、どこへ行くともしれない、だらだら続く、不穏な時代を生きています。そんな時代には、「何のために学校に行くのか」という問いに、わかりやすいひとつの答えなどないのです。

とくに近年では、人工知能やＩＣＴ（情報通信技術）が発展し、コロナ禍でのいっせい休校やオンライン授業の活用をへたあとで、学校に行かなくてもその気になればいくらでも学べることが明らかになりました。学校も多様化し、「不登校特例校（学びの多様化学校）」なんていう、不登校の子が通いやすいように学習指導要領を弾力化して運用する小中学校ができたり、中学時代に不登校経験があっても受け入れられやすい通信制高校が増えていたりと、学校へ行くことと不登校することの境界もあいまいになっています。その一方で、貧困だったり子どもを愛し保護する力がなかったりする家庭の子どもにとって、学校はサポートする窓口として重要性が指摘されるようにもなっています。学校の意味も不登校の意味も、それぞれの文脈に差し戻してていねいに考えなければ、「こういうものだ」と一概にはいえません。

「結局どうして学校行かなきゃならないのか、わかんないよ」

息子の不満げな顔が目に見えるようです。そうだよね、スッキリしないよね。

だけど、その「わからなさ」にきちんと向きあえば、「不登校ってこういう問題なんだよ」「だからこうすればいいんだよ」などとわかりやすい答えを示されたときに、「そんな単純なものかな？」と疑いのまなざしを向けることができます。そうやって、当たり前とされていることを疑い、自分の問いに出会っていくことが、勉強ができるとかいい学校に行くとかということよりも、よほど大切なことではないでしょうか。

学校へ行く・行かないにかかわらず、答えのない問いに向きあおうとする若い人たちに、この本が少しでも伴走できることを願ってやみません。

（貴戸理恵）

最後に質問

Q1 あなたにとって、学校に行く意味、勉強する意味は何ですか？

Q2 あなたの「居場所」はどこにありますか？

Q3 「だいじょうぶ」な学校、「だいじょうぶ」な社会は、どうあったらよいと思いますか？

さらに学びたい人のために──図書紹介

❖滝川一廣『学校へ行く意味・休む意味』日本図書センター、2012年

不登校について、学校のあり方だけではなく、社会のあり方の変遷から考え、学校へ行く意味と休む意味を深く掘り下げた一冊。

❖貴戸理恵・常野雄次郎『不登校、選んだわけじゃないんだぜ！（増補版）』イースト・プレス、2012年

「不登校でも元気に社会に出ていける」という主張を問い直し、ひきこもりやうつ病などにつながる不登校も含めて受容する道を開こうとした、不登校経験をもつ二人の思考の軌跡。

❖野田彩花・山下耕平『名前のない生きづらさ』子どもの風出版会、2017年

「不登校」「発達障害」「ひきこもり」「ニート」など、さまざまにつけられる名前は、どれも当事者の実際とはズレている面があるのではないか。そんな「名前のない生きづらさ」について、つらつらと考えています。

（山下耕平・貴戸理恵）

第4限

「自分ごと」として相模原事件を考える

はじめに――なぜ相模原事件なのか

わたし（野崎）には、生まれたときから脳性マヒという障害があります。歩行や自分の身のまわりのことの多くは独力で可能でしたが、２０１６年の暮れに転倒し、それ以来、車いすを使って生活しており、ヘルパーの派遣を受けながら日常生活を送っています。

２０１６年7月26日未明、神奈川県相模原市にある知的障害者の入所施設「津久井やまゆり園」で、当時26歳だった青年Uが刃物をもって侵入し、入所者19名を刺殺、職員らも合わせて26名に重軽傷を負わせる事件がありました。「相模原事件」と呼ばれるようになったこの事件は、Uが「やまゆり園」の施設の元職員であったこと、殺害方法が刃物による刺殺であったこと、そして、殺害人数の多さによって、社会に大きな衝撃を与えました。

わたし自身も、もちろん衝撃を受け、殺された方の無念、被害に遭われた方の恐怖を思うと、加害者であるUのことを許せない気持ちになります。その一方で、「いつか誰かがどこかで、このような事件を起こすのではないか」と思っていたため、わりと冷静に受けとめていた部分もあります。ただ、この事件が「障害者はいつ殺されても仕方がない存在である」というメッセージを明確に発するものであったため、障害者である自分自身も「いつか殺されるのでは」という、もともとあった恐怖を、よりいっそう感じるようになりました。

また、わたし自身は、自分の研究や、これまでかかわってきた障害者の社会運動において、「障害者と健常者とがともに生きることのできる社会はどうあるべきか」について考え、それを示してきたつもりでした。しかし、相模原事件を受け、これまでわたし自身がおこなってきたことを根底からくつがえされたようで、絶望的にもなりました。「これまでさまざまに考え、社会に対して訴えかけてきたことが、無意味だったのではないか」と思わせられたのです。とりわけ、「あなたは障害があるから、健常者よりも生きる価値がない」という考え方を批判してきたのですが、そのようなわたし自身が、奈落の底に突き落とされた、そんな感じがしました。

先ほど、Uの来歴、殺害方法、殺害人数によって、社会は大きな衝撃を受けたと書きました。しかし、これらは事件の表面的な部分であり、より深い問題がこの事件を起こさせたとわたしは考えています。そして、それらの問題が解決しないかぎり、相模原事件と同じようなことが繰り返されるのではないかと、思っています。いいかえれば、相模原事件は、わたしたちにそのようなことを突きつけている、と思うのです。

この〝授業〟では、障害者問題について考えていきます。その「よい題材」として相模原事件について考えていこう、とするものではありません。むしろ、起こるべきではなかった相模原事件が起こってしまった、この事実をわたしたちがしっかりと受けとめることが大切だと考えています。その意味において、相模原事件の真相を問う、というより、むしろ、障害者と健常者とがともに生きる社会に向けて、相模原事件のほうがわたしたちを問うている、というスタンスで考えていきたい、そのように思っています。

さっそく、本題に入っていきましょう。

1　優生思想の問題

相模原事件を受けて、わたしたちが問われる大きな課題のひとつに、優生思想の問題があることはどれほど強調してもしすぎることはありません。優生思想の中核には、「望ましい生命と望ましくない生命とを区別し、望ましい生をこのみ、増やそうとする一方、望ましくない生命をきらい、減らそうとする」思想があります。Uは、入所者である知的障害者を選択的に抹殺していきましたが、ここではUの造語である「心失者」という言葉とその思想について見ていきます。なお、厚生労働省によると、知的障害者とは「知的機能の障害が発達期（おおむね18歳まで）に現れ、日常生活に支障が生じているため、何らかの特別の援助を必要とする状態にあるもの」と定義づけられています。

「心失者」という考え

Uがいう「心失者」とはどのような意味でしょうか。少し長いですが、Uが刑務所から『神奈川新聞』に寄せたとされる手紙の中身を、同新聞記事「植松被告からの手紙『共生社会ではなく、今は寄生社会』」（２０１７年7月26日）から引用します。

〈私は意思疎通がとれない人間を安楽死させるべきだと考えております〉（原文ママ、以下同じ）

意思疎通の可否を判断する基準にあげたのは、名前や年齢、住所を正確に示せるかどうか。12歳以上を対象に診断テストを実施するとした。一方、重度・重複障害者と判明し回復の見込みがない場合は、年齢にかかわらず、安楽死の対象にすべきだと訴えた。

〈人の心を失っている人間を、私は心失者と呼びます〉

〈私の考えるおおまかな幸せとは〝お金〟と〝時間〟です〉

〈命を無条件で救うことが人の幸せを増やすとは考えられません。「救える命を救う」と思考を止めることとは「嫌いだから殺す」と限りなく近い考え方です〉

被告独特の言い回しで表現した「心失者」については、「人の幸せを奪い、不幸をばらまく存在」と定義し、重度・重複障害者も該当すると主張。障害者支援には多額の費用と時間が浪費されていると指摘し、「現代医療の発達を横目に人間の尊厳が軽視されている」「最低限度の自立ができない人間を支援することは自然の法則に反する行為」などと批判した。

障害者を殺害しようと思い立った経緯や、事件前に措置入院〔行政の指示で入院させること――引用注〕した際に肯定する発言をしたとされるナチスの優生思想についても触れた。「優生思想ありき」ではなく、やまゆり園で働き続ける中で障害者への独善的な思想を膨らませていったことをうかがわせた。

〈私が重度・重複障害者を殺そうと考えたきっかけは、やまゆり園で勤務している時に観たニュースがはじまりです〉

〈三年間勤務することで、彼らが不幸の元であると確信をもつことができました〉

殺害を思い立ったきっかけには、テレビのニュースで報じられた米大統領就任前のトランプ氏の演説や、過激派組織「イスラム国」（ＩＳ）の活動を挙げた。どのような内容だったのか詳しい説明はなかったが、「世界には不幸な人たちがたくさんいる」という趣旨のトランプ氏のスピーチに「真実を話していると強く思った」と記した。

つまり、心失者とは、意思疎通がとれない人間のことであり、具体的には、名前や住所、年齢を正確に示せることが、意思疎通がとれるかとれないかの判断の基準である、とＵはいっています。心失者を介護するには、多額の費用と時間を無駄に使わなければならない、幸せとはお金と時間であるのに、心失者は人の幸せをうばい、不幸をばらまいている、そのようにいっていることになります。だから、心失者は安楽死させるべきだ、とＵは述べているのです。「命を無条件で救うことが人の幸せを増やすとは考えられません」とも語っており、「最低限度の自立ができない人間」には、支援ではなく抹殺を、というＵの考えが示されています。

パーソン論という考え方

実は、Uと同じような考え方が、学問上にもあります。わたしの専門分野である「倫理学」のひとつの研究領域である「生命倫理学」において、「パーソン論」と呼ばれている概念がそれにあたります。その考え方を煎(せん)じ詰めていえば、「理性と自己意識をもつ存在こそが、生存する資格をもつ」というもので、そのような存在を「パーソン」という語で呼んでいます。いいかえれば、理性的で自己意識があるとされる存在であるパーソンは、それだけで生きるに値する、生物のなかで特別な存在であるとされるのです。パーソン論とは、人間には理性があり、自己意識を有しているがゆえに、社会のルールのなかで配慮を受けるに値する存在である、という論理です。ただし、理性や自己意識がなくても、快楽や苦痛などの感覚を有する存在に対しては、パーソンに値するほどではなくても、その存在の利益を考慮する価値がある、とする説もあります。その場合においても、パーソンのように、「生存する資格をもつ」という水準には達しません。こうして、パーソン論は、「生存するに値する存在はどのような存在か?」という問いに対して、「理性的で自己意識のある存在/快楽や苦痛という感覚のみをもつ存在/感覚すらない存在」という序列をつけて答えます。

こうした考え方は、人間だけを社会において配慮を受けるに値する存在であるとし、動物を配慮の対象から排除する「人間中心主義」を痛烈に批判します。人間に近いDNA構造をもつ大型類人猿（オランウータン、ゴリラ、ボノボなど）や、クジラやイルカなどの哺乳類は、理性的で自己意識があるとされます。また、多くの動物や魚類は、痛みを感じることがわかっています。これらの生物を、人間ではないからという理由で殺したり、あるいは残虐な方法で扱ったりすることを、性差別や人種差別と同じように、種差別と呼んだりします。動物のパート（第5限）で問題になっているような工業畜産や肉食、動物園や動物実験、ペットをはじめ、ロデオやサーカスなどでの動物の使用も問題視されています。そのため、革靴ではなくスニーカーを、革ズボンではなくジーンズを履くような実践をする人もいます。

パーソン論を理論的な前提としつつ、種差別を告発する主張は、動物解放という考え方を一気に開いたといえると思います。こうした考えによって、動物に苦痛を与えたり、殺したりすることを、「かわいそう」と感情的に訴えるのではなく、動物を社会的なルールにおける権利の主体として、「不正である」と理論的に主張できます。しかし、同じ議論を人間にあてはめたときに、生存する資格を与えられない人間が存在してくるのです。よく例にあげられるのが、胎児や新生児、重度の知的障害者、重度の精神障害者、認知症高齢者などです。このような存在は、人間であるとしても、あるいは、将来的に人間になるとしても、「理性や自己意識がない」あるいは「感覚すらない」として、生存権がないということになります。パーソン論は、「生存するに値する存在はどのような存在か？」という問いに対して、「人間／非人間」という、当たり前とされがちな境界の引き方を問い、動物解放の理論を一歩推し進めたといえます。しかしながら、パーソンであるとはみなされない人間には生存権を与えなくてもよい、すなわち、上記の境界を「パーソン／非パーソン」というように引き直したにすぎません。

優生思想の歴史

「世の中には望ましい生命とそうではない生命とがあり、望ましい生命はどんどん増やして、そうではない生命は生まれてこなくてかまわない」という考え方があり、優生思想と呼ばれています。優生思想を学問的に正当化したものが、優生学です。こうした考え方は古代ギリシアの時代からありましたが、近代以降の優生学は、19世紀後半に始まりました。その生みの親は、『種の起源』を書いたチャールズ・ダーウィンのいとこにあたるフランシス・ゴールトンという人でした。優生学は、英国において発祥し、フランス、ドイツといったヨーロッパ諸国や北欧、それに大西洋を渡って米国などにも広まり、20世紀初頭までに、またたく間に世界中に広まりました。

優生学が広まりつつあった19世紀終わりから20世紀はじめにかけては、望ましいとされる生命を誕生させる技術はありませんでした。したがって、このころの優生学は、望ましくないとされる生命を誕生させないことに集中していました。具体的には、障害者や病弱者など本人を殺したり、本人たちに子どもを産ませないように手術をしたりしたのです。ナチスドイツといえば、ホロコーストと呼ばれる、アウシュヴィッツなどでのユダヤ人虐殺で悪名高いですが、それ以前に、障害のある人たちに対する強制的な安楽死政策もおこなっています。安楽死をおこなう管理局があった通りの名前から、「T４作戦」と呼ばれるこの政策によって、最終的に殺された障害者は20万人とも40万人ともいわれます。同じくドイツでは、１９３３年に制定された「遺伝病子孫防止法」によって、当時は遺伝すると思われていた、精神障害や知的障害のある人たちが、不妊手術を受けさせられました。

ドイツと同盟国であった日本においても、同様に１９４０年に「国民優生法」が制定され、遺伝性疾患のあるとされる人たちへの不妊手術がおこなわれました。ドイツでは、第二次世界大戦の終戦とともに法律はなくなりましたが、日本においては、１９４８年、「国民優生法」がそれと地続きの「優生保護法」に改変されました。基本的人権を尊重するとされる日本国憲法下で、「不良な子孫の出生の防止」を目的とするこの法律が１９９６年まで続きます。この法律によって、たくさんの障害者たちが子どもをつくれなくさせられました。このことについては、少しあとに述べることにします。また、福祉国家として知られるスウェーデンにおいても、１９３５年から１９７５年まで、「障害を理由とする不妊手術に関する法律」がありました。優生学やそれを実行するための法律は、洋の東西や政治体制などを超えて、世界中に広がったといえるのです。

出生前診断と選択的中絶

医療技術が発展した現代においては、「望ましくないとされるいのちを生まれなくさせる」ことだけでなく、「望ましいとされるいのちを産み出す」ことも可能になりました。デザイナー・ベビーという言葉を聞いた人もいるかと思います。受精卵の段階で遺伝子を操作し、目や髪の色など、特定の特徴をもつ子どもが生まれる確率を上げる技術のことで、欧米や中国などでこうしたヒトの遺伝子工学技術が進んでいます。優れた人や容姿端麗（ようしたんれい）な人の精子や卵子を使って、遺伝的に優れた子どもをもつことも、近い将来可能になるのではと思われます。

しかし、優生思想との関連でいえば、現在はまだ「望ましくないとされるいのちを生まれなくさせる」技術のほうが一般的です。「優生思想の歴史」の項で述べたとおり、当初は法律によって優生思想は実行された、つまり国家による強制という側面が大きいものでした。次第に、医療技術の発展とともに、国家による強制から、妊婦やカップルによる「自己決定」によって、結果的に優生思想が実行されるようになっていったのです。妊婦が受ける出生前診断によって、おなかにいる赤ちゃんにある種の障害があるのかどうかがわかるようになったことによります。

日本においては、生まれてくる子どもに障害があるからという理由で中絶をすることは、法律で禁じられてはいます。しかし、経済的に障害のある子どもが育てられない、という理由で、障害のある子どもの中絶が実行されているのが現実です。

２０１３年、日本でも新型出生前診断という技術が導入されました。新型出生前診断（ＮＩＰＴ）とは、Non-Invasive Prenatal genetic Testingの略称です。妊娠10週以降の任意の時点でおこなわれる非侵襲的なスクリーニング検査で、簡単にいえば、妊婦の身体を傷つけずに、採血のみでおこなわれる検査です。妊娠10週目というと、ちょうど、妊娠8~11週目あたりから、胎児のかたちがつくられはじめるころで、この検査では、ダウン症などの一般的な染色体疾患などを調べることができます。２０１７年に放送された関西テレビのニュースによれば、２０１３年の導入以降、５年半のあいだに、約6万人がＮＩＰＴを受けましたが、陽性判定をされた８９０人のうち、実に９割もの妊婦が中絶をしています。この決定の過程に、国家の介入はありませんが、妊婦やカップルの「自由」な決定によって、優生学的な結果が見られてしまうのです。

なぜ、胎児に障害があるとわかったら、中絶を考えてしまうのでしょうか？　ひとつに、経済的な問題はあるでしょう。しかし、厚生労働省のホームページによると、子どもに障害がある場合、特別児童扶養手当が支給される可能性があります。１級が５万３７００円、２級が３万５７６０円です（２０２３年4月からの月額）。あとでも触れますが、こうした行政の制度は一般的にはあまり知られていません。このような制度を利用すれば、余裕が出てくるわけではありませんが、中絶を考えるまでにはいたらなくてすむかもしれません。

障害児の中絶を考えてしまう最も大きな理由は、「この子が生きていても不幸になる」というものではないでしょうか。しかし、ダウン症の場合では、「毎日、幸せと思うか？」という質問に対し、７割の当事者本人が「はい」、２割が「ほとんどそう」と答えているアンケートの紹介が日本テレビのニュースでありました。こうしたこともよく知られずに、ただただ我が子の不幸を嘆いてしまうなら、それはとんだ勘ちがいなのではないでしょうか。たしかに、障害があれば不幸だと感じやすいとはいえるかもしれません。しかし、その多くは社会的なものであり、これもあとで述べますが、社会こそが障害者を不幸にしているのです。このことを棚に上げて障害があれば中絶をするという考え自体が、障害者に不寛容な社会であることをよく示しているのだと思います。

次に、行政の制度と同様に、障害児・者の暮らしもまたよく知られているとはいえません。最近でこそ、インターネットやSNSなどを通して発信している個人や家庭もあります。しかし、産科医院では胎児の障害の有無が取り上げられることはあっても、障害児がどのように暮らしているか、どのようなことに注意して育児をすればよいか、そのような情報が取り上げられることはほとんどありません。これでは、「障害児を育てるのはたいへんだ」という思いばかりが先立ってしまいます。障害児が生まれそうなら中絶を考えてしまうのは、このような背景もあります。

さらに、スクリーニングの結果を受けて、わずか数週間で中絶を決定してしまわなければならない、ということがあります。そのとき、もし中絶せずに産んで、障害児が生まれてしまったら、医療関係者に支援してもらえないのではないか、「あのとき、中絶をしますかと聞いたのに、障害児が生まれたのはあなたの責任だから、知りません」といわれるのではないか、そんな思いが妊婦にはあります。日本の法律では、中絶可能なのは妊娠22週未満となっています。仮に、スクリーニングの結果、陽性であることがわかったのが16週目であるとするならば、わずか6週間で中絶をするかしないかを決めなければならないのです。そんな短期間で、「障害のある子どもを中絶すべきか」という問いに答えなければいけないのです。しかも、カップルの決定とはいえ、実際には子どもがおなかにいる女性のほうがより負い目を感じてしまいやすいでしょう。このように、決定期間の短さ、医療者との力関係、それにカップル間でのジェンダー差が、妊婦をさらに追い詰めてしまうのです。

優生保護法と強制不妊手術

優生学と、その具体的な政策である強制不妊手術については、先ほど簡単に触れました。ここでは、さまざまな論点を加えつつ、さらに考えていきたいと思います。

ＮＨＫ福祉情報サイト「ハートネット」によれば、「１９４８年から96年の間に、母体保護目的のものも含めて実施された不妊手術は84万５０００件に上り、そのうち本人の同意を必要としない強制的な優生手術は１万６０００件以上。その７割近くは女性への手術でした」。「不良な子孫の出生の防止」を目的とする優生保護法のもとで、これほどの数の強制不妊手術がおこなわれたのです。しかも、それが著しい人権侵害などとは考えられてきませんでした。「障害者は子どもなど産まないだろう」という偏見があったからです（いまだにあるかもしれません）。人口資質の向上を掲げ、障害者たちは子どもを産むことをうばわれたのだといえます。優生保護法では、優生手術すなわち「精管や卵管の結紮（結ぶこと）」が認められていましたが、そんな法律でさえ認めていない、「精管や卵管の切断」や、「子宮へのコバルト線照射」もおこなわれていました。2018年1月、宮城県の60代の女性が、国に損害賠償を求める訴えを起こし、それ以降続く同様の裁判によって、全国的に強制不妊手術への注目が高まっています。各地の裁判はニュースなどでも取り上げられるので、知っている人も多いかと思います。しかし、それ以前は、「当時は合法であったから問題はない」というのが国の見解でした。この本が刊行されるころには、最高裁での判決が出ているかもしれません。

強制不妊手術を受けさせられた「その7割近くは女性」という点についても考えておきたいと思います。この比率のかたよりを、わたしは障害女性に対する差別であるととらえています。障害女性が受ける差別というのは、障害者差別と女性差別とのたんなる足し算ではないところに、その特徴があります。障害者差別で語られる障害者のモデルは男性であり、女性差別で語られる女性のモデルは健常者なのです。だからこそ、マイノリティ属性がふたつ以上重なる場合の複合的な差別は、可視化されづらいといえます。障害女性が受ける差別は、まさに障害と女性性とが交差する地点において起こるのです。たとえば、障害女性が義兄に、介助者不足で意に反して介助を受けなければならない状況があります。「意に反して」というところですでに問題だといえますが、さらに身体を触られたり、裸体を見られたりという性暴力の要素も加わるといえます。そして、告発すれば家のなかがギクシャクするため、こうしたことを障害女性は問題化しづらいのです。このような異性介助の問題は、介助者不足という障害にかかわる問題と、性暴力という女性が受けやすい問題とが交差する地点で起こっています。強制不妊手術は、障害者の性と生殖の権利をうばう、著しい人権侵害ですが、そのなかでもとりわけ、障害女性の権利をうばっている、ということなのです。

2　地域で生きる

Uが障害者の大量殺りくをおこなったのは、入所施設という場所においてでした。施設という、「大勢で暮らす」ところであるからこそ、大量殺りくの対象となったわけですが、それ以外にも、より根本的で本質的な問題が、入所施設にはあります。

それでは、障害者はいったい、どこで誰と暮らしているのでしょうか？　それは、本当に障害者の意に添ったものなのでしょうか？　ここでは、そのような視点から、「障害者と健常者とがともに地域で暮らすということ」について考えてみたいと思います。

親元や施設ではなく地域で暮らす

まず、多くの障害者は、親元（実家）で暮らしています。本人が望んでいなくても、障害が重ければ重いほど、親元から離れられないのです。それはとりもなおさず、介助の問題であることが多いのです。「親しか介助ができないし、自分を介助する介助者などいない」という思いが、障害者を親元に張りつけてしまうのだといえます。親のほうも、「この子はわたしたちがいないと何もできない」という思いから、子どもを囲い込んでしまい、自分が介助できるうちは自分が我が子の世話をしよう、と思ってしまうのです。やがて障害者は成人し、30代になっても40代になっても親元にいます。そのうち、親が老いてくると「老老介護」ならぬ「老障介護」といった事態になります。ひきこもりの子どもがずっと親元にいることを「8050問題」（80代の親が、ひきこもりなどを背景とする50代の子どもの生活を支えるという問題）といったりしますが、少なくとも現象の表面的な部分においては重なりあう部分はあろうかと思います。老親が介助しきれなくなると、子どもを入所施設に入れるか、さもなければ親子心中という悲しい結末が待っていることも少なくはありません。

次に、入所施設について述べたいと思います。『令和4年版障害者白書』によれば、施設に入所（精神障害者の場合は「病院に入院」）している障害者の数は、身体障害者（肢体不自由・視覚障害・聴覚障害などを有する）7・3万人、知的障害者13・2万人、精神障害者30・2万人となっています。このうち知的障害者は全体の12・1％が施設に入所しており、3障害のうち最も高い割合になっています。このように、日本には50万人を超える障害者が施設入所、あるいは病院に入院しており、地域では暮らせていないことがわかります。

障害者のための施設、というと、聞こえがよいかもしれませんが、実際にはとても人が人間らしく暮らしていける空間ではない、そのようなところも少なくありません。なぜなら、限られた予算と人材で、いかに効率的に施設を運営するのかについて考えており、障害者の生活や人権の保障は二の次であるところも少なくないからです。朝、起きたくもないのに早くに起こされ、したくもない体操をさせられ、食事の時間も限られています。ひとりで過ごしたくてもグループ活動をさせられ、トイレに行きたくても介助スタッフが少ないため「ちょっと待ってね」といわれたりします。入浴もいまだに異性介助のところもあります。そのような具体的な場面における人権侵害に加え、人里離れた山奥にある施設も多く、地域との交流がほとんど望めないこともまた、大きな問題であるといえます。

障害者の生活の場は親元か、さもなければ施設か――その二択に疑問を感じたのは、障害者本人でした。１９７０年あたりから、障害当事者が中心となった社会運動（以下「障害者運動」）が起こってきますが、そのような障害者たちが先陣を切って、街のなかのアパートを借りて、ひとり暮らしを始めるのです。「ひとり暮らし」といっても、１日24時間、常時介助が必要な重度の障害者です。その介助には、障害者運動に共感し、一緒に社会を変えていこうとする健常者の「活動家」たちが、無償で入ったのです。介助に入る人が少なかったため、ときには朝から翌朝までひとりで24時間介助をする日があったり、３日連続で泊まり介助ということがあったりした、とも聞きます。そのほかの時間にアルバイトなどをして、介助する人たちは自分の生計を立てていました。障害者の側も、このような状況ですから、いつ介助が来なくなるかわかりません。それでもあえて、親元や施設を蹴飛ばしてでも街のなかという地域での生活を選んで暮らすのは、そこに自由があるからなのです。「くそまみれでも自由がある」というのは、わたしの尊敬する障害者の先達の言葉なのですが、何日か介助する人が来ずに、寝たままで糞便垂れ流し状態であったとしても、そこには自由がある、という意味です。裏を返せば、それぐらい親元や入所施設には自由がない、そこには「自分で選んで切り開いていく自由がない」ということなのです。

こうした生活は、しかしながら数年ほどしか続きませんでした。やはり、介助する人が離れていって、障害者たちの生活が立ち行かないところまできてしまったのです。そこで、障害者たちは、仲間とともに自身の生活保護費を集め、それで自分たちの専従の介助者を雇いました。それ以降、障害者運動に、公的介助の保障が重要な要求課題としてあがってきたのです。現在では、曲がりなりにも障害者のヘルパー制度はありますが、それも、半世紀続く障害者運動の成果であるといえます。よりさかのぼれば、無償で介助をしていた、ある意味「ムチャクチャ」な実践が、現在の、仕事としての障害者ヘルパーにつながっているといえるのです。

地域で暮らすための制度的問題

「地域で暮らす」といっても、それを実現するためには経済的な保障が必要です。ここでは、そのうち生活や介助にかかわる金銭的な制度について説明していきたいと思います。

なぜ、障害者が地域で暮らそうとするとき、お金の問題がネックになるのでしょうか？　それは、多くの障害者は賃金労働ができない、もしくはしようとすると支障をきたすからです。別の視点からいえば、「働いてその賃金で生活をする」という、この社会で当たり前と思われるルールがあるかぎり、多くの障害者は生活に困窮するからです。根本的には、「労働の対価として賃金を得る」ということを疑っていかなければ、何らかの理由で労働できない（したくない、働く場所がない、なども同じ問題を含みます）人たちは、生きていけないことになります。このあたりは、「どのような原則が社会にはあるべきか」という問いとつながってきますので、みなさんもぜひ考えてみてください。

そこで、多くの障害者は、生活保護制度を利用して生計を立てています。生活保護制度のよいところのひとつは、「各種加算」（母子加算、児童養育加算、障害者加算など）があることではないかと考えています。その人の状況に合わせて、生活保護の「本体」の部分に加えて、上積みして保護費が支給される可能性があるのです。ひとり暮らしをしている障害者の介助は、障害者支援の法律にもとづいて支給されますが、それでも足りないときに、生活保護の介護加算から、「他人介護料」が支給されるケースがあります。さらに、この他人介護料の基準には一般基準、知事基準、大臣基準があり、介助が必要な理由や、実際に介助にかかわる人たちのリストを添付して申請すると、知事基準や大臣基準の他人介護料が支給される場合もあります。このようなことは、ケースワーカーでもあまりよく知りませんので、窓口で障害者側が説明しなければならないこともしばしばあり、それはそれで疲れる作業ではあります。

先ほども述べたように、その昔は、ひとり暮らしをしている障害者に、介助者が無償で介助をしていました。多くの障害者は、介助者に「晩飯でも食っていけ」と、おごったりもしていました。学生運動をしている学生などが、「介助をしたらタダ飯が食える」という側面もあり、そういう意味ではおたがいに支えあっていた部分もあるのかな、とは思います。介助者は、自分が障害者を差別する側の人間であることを深く自覚したうえで運動や介助にかかわる、障害者の「友人」でした。大学の授業でそのような話をすると、「今でいう『アライ』みたいな存在ですね」という感想があり、まさにそのとおりだと思いました（「アライ（ally）」とは、「味方、同盟」という意味を表す単語で、LGBTQ＋などの性的マイノリティ当事者を支援する考え方や、そのような考えをもつ人のことです）。

しかし、「友人」として自由がありますし、自分のアルバイトを休んででも障害者の介助に無償でかかわるのには、限度があります。いくら差別を自覚するといっても、自分の生活を犠牲にするのは、無理があります。だからこそ、長続きしなかったのだと思います。

障害者が、自由と人権、生命を保障されつつ、地域で生きていくのは、わたしは権利であると考えています。そうだとするならば、権利を保障するためには、それを支える公的な仕組みが必要です。「友人」による無償の介助という、限られた人数の「活動家」による介助では限界があります。そこで、介助を仕事として、有償でかかわらせよう、というアイデアが出てきたのです。これで、介助にかかわる人は以前より増えました。介助を仕事とする人たちの賃金はどうするか、それは税金というかたちで徴収しよう、そういうことになったのです。「友人」という考えは、非常に重要であるとわたしは考えています。しかしながら、現実に障害者の生活を支えていくためには、「友人」では人数が少なすぎ、また、「友人」にも自由があることを軽視しているとわたしは思います。障害者が生きていくことを権利であるとするならば、それを支えるためには公的な制度が必要なのです。そこで、ヘルパーとして生計を立てる人たちに働いてもらい、その人たちの賃金には税金を充てることにする、こうしたアイデアが出てきます。これで、社会的に介助の仕事を支えることができます。そして、そのうえで「友人」として障害者にかかわることを、わたしは否定しませんし、むしろかかわっていってよい、と思うのです。「制度」というと、どこか機械的で冷たい印象をもってしまいがちですが、このような背景があるのです。

地域でともに暮らすためのインクルーシブ教育

Uは、障害者を殺すために侵入した施設で、職員をしていました。障害者とは出会っていたにもかかわらず、どうして殺してしまったのか、という疑問が出されることがあります。しかし、Uと障害者たちとは、本当に「出会って」いたといえるでしょうか。そこには、先ほど述べた施設の問題、つまり、職員は施設側の効率性に従って動いており、一人ひとりの障害者の生活に向きあえない、という構造的な問題は指摘できるでしょう。そのうえで、より根本的な問題があります。

施設にしてもそうですが、日本では障害者と健常者とが分けられて生きているのが実際のところです。保育や教育の場面でも、就労の場面でも、分けられてしまっているのが常です。このようななかでは、障害者と健常者とはとても「出会っている」とはいえません。

そのなかでもわたしは、保育や教育の場面、すなわち小さいうちから、障害児と健常児とが分けられて過ごすことを、非常に問題であると感じています。とくに健常児が、障害児のいない健常児だけの世界で過ごしたとき、健常児だけしか知らないわけですから、障害児や障害者を見かけたとき、よくわからないわけです。そこで身がまえたり、からかったりと、障害がある人たちを排除していくのです。障害者のことをよく知らない健常者が大人になって、さらにそうした構造は再生産されていくといえます。

わたし自身は、中学までは養護学校で、高校から地域の学校で過ごしました。高校からはまるで別世界で、健常者の友人はできず、ただただ高校には勉強をしに行くだけでした。1年生のときに担任が、「野崎は入試、3位の成績で入学した。仲良くしてやってくれ」といったのです。担任としては、「よかれ」と思っていったのでしょうが、こんなことをいわれれば、思春期の多感な生徒なら、敬して遠ざけると思うのです。健常者の「善意」にも、思い込みがあるといえます。担任も、それまで障害者と出会ってこなかったのではないでしょうか。こうして見事に、高校3年間は健常児のなかで「浮いた存在」になってしまいました。

わたしは、教育の場で個人の能力を発達させたり、わたしのように養護学校で訓練をし、独力で歩けたりすることに、まったく意味がないとは思いません。しかし、そうしたことを差しおいても、教育にはすべきことがある、と思っています。それは、小さいうちから、この社会や世界にはいろいろな人がいて、ともに生きているということを、理屈で教えるのではなく体感させることです。教科教育など、個人の能力を引き出すという営みが、重要であることは認識しています。けれども、それ以上に、自分とは異なる存在である他者が、自分と同じ世界に住んでいるという事実を、机上の学習だけではなく、体感することには意義があると、思っています。

わたしの大学の後輩で、大学生になってから障害者とかかわり出した、水谷佳奈子さんの話をします。水谷さんは結婚し出産しました。生まれてきた子には、障害がありました。２０１７年に、わたしの大学での授業に水谷さんをお呼びして講演をしていただいたのですが、そのときに、このようなことをおっしゃっています。

> 私の子どもが生きやすくなるためには何が必要か、くつが自分で履けるようになる、歩く距離が伸びる、手先が器用になる、そのようなことは重要かもしれないが、それよりも私は、子どものことを知っている人を10人、20人増やすほうがはるかに生きやすくなるのではないかと思う。
>
> 学校とは、人と人が知りあう場所ではないか。子どもにとってははじめて知る社会で、そこにいる人たちみんなが幸せに生きていくために工夫することを学ぶ場所なのではないか。学校を分けることはすなわち知りあう機会をうばうということであり、障害者がいないことが当たり前の学校で育った子どもたちが大人になるとどうなるか。

障害児・者にとって、「独力でできる」ということだけが生き方の幅を広げることではありません。人を頼ってよいし、そのためにも「顔見知りになっておく」ことがとても重要なのです。学校は、同じ年齢の人たちが集められた場所であり、そのなかに障害児がいないというのは、不自然なのです。障害児だけが分けられてなされる教育は、障害者を分けて当然だとする社会を生んでしまうでしょう。そして、残念ながら日本においては、いまだに障害児と健常児とを分けることを前提とする教育がなされ、障害者と健常者とは分かたれた社会に住んでいるといわざるをえないのです。

地域で生きることを模索してきた障害者運動

このように、障害者の社会運動は、地域で障害者と健常者とが、ともに学びともに働きともに暮らすといった意味で、ともに生きることを目指していたといえます。優生思想に反対し、障害者の立場から、障害者のいのちをないがしろにする社会への批判は、もちろん障害者運動では重要な課題です。そのうえで、日常的な「できなさ」に対して、じっくりとつきあうこと、そして、そうしたことを許容する社会のありようを、障害者たちは求めていったのであると、わたしは考えます。

「できないこと」は、不便や不幸につながったり、あるいは、すぐに「できるようになること」を求められたりしてしまいます。こうした社会のあり方は、「できない」当人のありようを否定し、さらには当人の存在そのものも否定してしまいます。障害者運動は、こうした「できなさ」をめぐる社会の不寛容と、いまだに闘っているのです。

24時間介助が必要な、重度の障害者が地域でひとり暮らしをすることを、俗に「自立生活をする」といいます。ここでいう「自立」とは、日常的な動作がひとりでできるようになることでも、生活に必要な賃金をひとりで稼げるようになることでもありません。そうではなく、自分のやりたいことをするために、他人の助けを借りながら暮らしていくこと、これが「自立生活」の教える「自立」の考えです。たとえば、服を着るのに30分かかる障害者がいたとします。その人が、「30分かかってでも自分で服を着る意義」を見出すならともかく、自立生活のいう「自立」は、「ヘルパーを使って1分で着せてもらえば、残り29分はあなたの自由に使える」と教えます。誰か（や何か）に依存することによって、自立が達成される、そのようにいいます。このように、障害者運動のいう「自立生活」や「自立」の考えは、一見対立的にとらえられがちな自立と依存とが、同じコインの両面にすぎないことを伝えてきたといえます。

親元や入所施設では、障害者は自由や人権はもとより、その生存さえもうばい取られかねません。生活保護制度と介護制度とを使って生活を営むスタイルは、とくに障害が重くなるほどスタンダードな「生存の技法」といえるわけです。そこでは、社会制度や他人に依存することが、自立の、いわば前提であると考えられるのです。こうした考えがなかなか根づかない大きな原因のひとつに、インクルーシブ教育が浸透せず、小さいころから障害を理由にともに学ぶことから排除されていることがあるように、わたしは考えています。

3　どんな社会が生きやすいか

相模原事件は起こってはならない事件でした。それでも起こってしまった背景には、この事件を起こしたUだけが悪いということではなく、Uを生み出してしまったわたしたちのこの社会にこそ問題があるといえます。わたしたちはこれまで、優生思想の課題、障害者の地域生活や学校教育について見てきました。ここでは、障害に対する見方を考え、さらにそこから、どのような社会であれば、誰にとっても生きやすいかについて、考えていきたいと思います。

障害者が生きづらいのは個人のせいなのか？

唐突ですが、改札口とホームとの高さがちがう駅舎には、かならずそのあいだに階段があります。なぜ、エレベーターのない駅はあっても、階段のない駅はないと思いますか？

何がいいたいかというと、二足直立歩行ができる人であれば、階段での昇降が可能である、つまり、階段があるということは、二足直立歩行ができる人に対しては配慮した構造になっている、ということなのです。もし、階段のない駅があったとすれば、改札口から駅のホームまで、壁をよじ登っていかなくてはなりません。ですから、階段はあるわけです。しかし、このことを、そのような配慮を受けている側はとかく忘れがちです。今でこそ、バリアフリー法の制定や改正にともない、駅舎でのエレベーター設置など、障害者などに対する一定の施策は進められてきてはいます。けれども、全体的に見れば、圧倒的に健常者の人権だけが適切に配慮され、障害者の人権が侵害されているような社会構造があるのです。そして、そのことが非常によく忘れられがちであると、わたしは思うのです。

障害者の人権が侵害されていることが忘れられてしまう大きな原因のひとつとして、わたしは、障害のとらえ方があげられると思います。障害は、何らか障害者個人の体の内部にあって、不具合をきたしているから、障害者は生きづらい、そのようなとらえ方です。いいかえると、障害が、障害者個人の内部にある損傷によるものだというとらえ方に疑問がある、ということなのです。このような考えがあることに、驚いた人がいるかもしれません。しかし、実際に上記の駅舎の例ですと、階段の有無によって、二足直立歩行できる人が使用できるかどうかが変わってくるわけです。階段がなければ、その文脈においては、二足直立歩行できる人も、障害があることになります。つまり、障害とは、社会構造や環境によって左右されうるものだ、ということなのです。

いまだに、「障害は、障害者個人のなかに存在する」という考え方が根強くあります。そして、「障害による生きづらさをなくしたければ、医学的な方法で障害を治療、軽減しなさい」というように続くのです。このような考え方を、「障害の個人モデル」あるいは「障害の医学モデル」といったりします。障害の個人（医学）モデルの特徴は、障害者が社会において生きたければ、障害を医療によってなくしてからにしなさい、といっているところにあります。障害のあるそのままの存在では受け入れませんよ、といっているということになります。

他方で、障害者が社会で生きたければ、医療で障害をなくせと迫るような社会においては、障害者がありのまま存在することは否定されます。少なくとも、障害者が、障害のあるまま生きていくことを受け入れづらい社会であるといえます。そんな社会こそが、障害者を生きづらくしているのだ、という考え方があります。このような考え方を、「障害の社会モデル」といったりします。これは、「障害者は、障害者を排除するような社会によって無力化させられた人である」ということで、ちょうど「障害者（disabled people）」と「無力化させる（disabled）」とが呼応するわけです。障害の社会モデルの特徴は、障害者が生きづらいのは、個人の問題ではなく社会の問題である、というところにあります。障害の個人（医学）モデルから社会モデルへの転換は、当事者たちが長年粘り強く続けている障害者運動のエッセンスが凝縮されており、机上の空論ではない、血の通った思考だということができるでしょう。

精神障害と発達障害が抱える生きづらさと社会モデルでの対応

上記の「障害者」は身体障害を例に考えたものでした。しかし、精神障害や発達障害についても、身体障害ほどスッキリした話にはなりませんが、同じように社会モデルで考えることができます。

精神障害者は、長らく私宅監置（自宅の一室に精神障害者を監禁すること）や精神病院への強制入院など、管理の対象となっていました。現在も、日本においては精神病院への患者の長期入院や患者に対する暴行といった人権侵害が問題となっています。他方で、患者が隔離・管理され、社会の治安を乱す存在として見られてきたこともまた、問題だといえます。

加えて、精神障害者には症状の問題とはちがう生きづらさもあります。社会の精神障害者に対する偏見、それによる心ない言動、あるいはそうした偏見を精神障害者自身が内面化してしまうことがあるからです。障害者手帳や障害年金を取得するまでの壁も高く、また、就業する機会が少ないということもあります。これらは、症状の問題ではない、社会の側の問題です。社会モデルは、それらを問題にし、解消していくのは、社会の責務であると考えるのです。このように、精神障害者の生きづらさの問題も、社会モデルによって考えることは可能だといえます。

次に発達障害について見ていきたいと思います。みなさんのなかに、あるいは友人やきょうだい、家族に、発達障害があって、生きづらさを抱えている人もいるだろうと思います。

発達心理学が専門の浜田寿美男さんは、『「発達」を問う――今昔の対話 制度化の罠を超えるために』（２０２３年）のなかで、発達障害の問題が、個人の能力の問題に還元されていることに警鐘を鳴らしています。

わたしも、個人の「能力」のもつ意味が大きくなりすぎた現状に、問題があると思っています。たとえば「他人とうまくコミュニケーションをとる能力」も、個人のなかに埋め込まれてしまっています。コミュニケーションは、個人のみでは絶対に成り立たないはずなのに、コミュニケーションをとるのが不得手だと見られた人は「コミュ障」などといわれ、個人の病理の問題になっているのです。

個人の能力のもつ意味が大きくなると、何かうまくいかなかったときに、個人の責任が問われやすくなっていきます。「本当はみんながしんどさについてわかってくれて、しんどくならないような手立てを一緒に考えてほしい」という思いが、発達障害だけではなく、生きづらさを抱える人にはあるのではないかと思います。しんどさや生きづらさの軽減や解消を、自分や家族だけの責任ではなく、社会で分かちあって担っていくこと、そして、しんどさや生きづらさそのものの軽減を社会の責務として考えていくことは、社会モデル的な観点であるといえます。

医学モデルと社会モデルの有意なちがいはどこにあるのか

もう少しだけ考えてみましょう。医学モデルと社会モデルとのちがいがどこにあるのか、あるいはどこにあると考えたほうがよいのか、についてです。医学モデルでは障害者個人の損傷を治すべきであり、社会モデルでは社会や環境を改善するのがよい——そのようなちがいであるとよくいわれます。基本的にはそうなのですが、考えていくと二点ほど問題があることに気づきます。一点目は、社会モデルでは障害の治療やリハビリテーションは否定されるのかという点、二点目は、個人の損傷を治療しているのか環境を変えているのかわからなくなることがある点です。

一点目ですが、社会モデルの主張者のなかには医学を全面的に否定する人もいます。しかし、わたしはそこまでは強硬な立場にはなれません。障害が原因の痛みであれ、痛ければ医学の力で取り除いてもよいと思うのです。わたしにいえることは、社会の都合によって障害を軽減治療したり、誰か（何か）の圧力によって医療やリハビリを強制させられたりする必要はもうない、というところにとどまります。医療やリハビリにも、障害がある状態をマイナスの状態であるととらえない努力が必要であると考えます。

二点目ですが、たとえば、メガネは視力を改善するものですが、よく考えれば視力の治療をしているのか、環境を改善しているのか、判然としない面があります。車いすや補聴器、人工内耳なども、同じようなことがいえそうです。皮膚の内部を変えることが治療で、皮膚の外部が環境である、ともいいづらいところがあるために、このようなことが起こるのです。

それでは、医学モデルと社会モデルとの真のちがいは、どこにある（と考えるべき）でしょうか？　それは、障害による生きづらさを解消する責任はどこにあるのか、という点です。個人モデルでは、障害者（やその家族）にあり、社会モデルでは、障害者個人やその家族以外の社会にある、と考えるのです。つまり、個人モデルと社会モデルのちがいは、その帰責性のちがいにある、そう考えるのがよいだろうと、思うのです。

障害者の生きづらさを解消する責任は、障害者本人やその家族にあると、長いあいだ考えられてきましたし、いまだにそのような個人モデル的な考えが大勢を占めています。そのような考えに、障害者やその家族は苦しめられています。それに対して、社会モデルでは、障害者の生きづらさを解消するための責任は社会にあると考えます。社会こそが、障害者の生きづらさを解消するために、あらゆる手段を講じなければならない、そう考えるのです。「もう、障害者本人や家族だけが、生きづらさを背負わなくてよい」、社会がこのようなメッセージを発するべきであると、わたしは思います。

死刑囚を死刑にすべきなのか

Uは、2020年3月、横浜地裁で死刑判決をいい渡されました。その後、みずから控訴を取り下げたため、2023年10月現在、死刑が確定しています。

Uが起こした相模原事件は、「心失者」を「選び」「殺した」。その意味において、Uは二重に罪深いと、わたしは考えています。そのようなUを、わたしはけっして許すことはできません。では、Uを死刑にすべきなのでしょうか?

死刑という、一見すると障害とは関係がないような話をここでするのは、場ちがいだと思う人もいるかもしれません。しかしわたしは、死刑をどう考えるのかということと、障害者が生きられる社会を目指すこととは、つながっていると思います。

たしかに、Uは障害者を選んで大量に殺しました。しかし、Uだけを死刑にしても、障害者は安心して暮らせないはずです。その証拠に、事件のあと、Uに賛同する人たちのインターネットへの多くの書き込みがあります。このような優生思想がはびこる社会においては、障害者は安心して暮らすことなどできません。いまだに障害者は「いつ殺されてもおかしくない存在」なのです。Uを死刑にするよりも、優生思想をそぎ落としていくほうが、障害者にとっては安心した社会になるわけです。逆にいえば、Uを死刑にして、優生思想のはびこる社会について問題にしないのであれば、最悪の幕引きであることになります。Uがこの世から消えてしまっても、第二のU、第三のUは出てくるでしょう。

そして、わたしは、相模原事件だけではなく、それがどのように凶悪な犯行であったとしても、犯人を死刑にすべきではない、つまり、死刑制度をなくすべきであると考えています。犯人は、自分の罪を悔い、その罪について心の底から反省するまで、刑務所から出られない仕組みをつくるべきだと思います。場合によっては、一生を刑務所で終えるような人も出てくるでしょう。反省しないのであれば残念なことではありますが、致し方ないと思います。わたしは、日本も死刑制度を廃止し、終身刑制度を導入すべきであると考えています。

死刑廃止の理由には、えん罪の可能性など、さまざまありますが、最も感じる死刑の問題点は、次のようになります。死刑というものの中核的な考えは、「この人はこのような罪を犯したから死んでもよい／生きていてもよいという境界を、人間が決定する」というところにあります。人間が、人間に対して「生きていてもかまわない」や「死ぬに値する」という決定をおこなうわけです。この意味において、「生きるに値するいのち／生きるに値しないいのち」を決定する優生思想と死刑とはかなり近い考えであると思います。

凶悪な罪を犯したなら死刑でもかまわない、という考えは、生存権を制限したものでもあります。「どのような人でも、生きていてよい」という考えが、生存権の根幹にあるとわたしは解釈していますし、生存権は人間や国家などによって絶対にうばわれてはならないはずです。

とはいえ、わたし自身も、身内や大切な友人が殺されたなら、殺した当人を殺してやりたい、と思うかもしれません。しかし、殺人者を殺したところで、殺された大切な人が戻ってくるわけではありません。また、殺人者を殺してしまっては、罪を償う機会をうばってしまうことにもなります。何より、わたし自身が殺人者を殺してしまっては、「殺人を犯した」という点において、わたしと殺人者とが同じ位相に立ってしまいます。殺人は、法的にはもとより、倫理的によくないと思っていますが、わたし自身は殺人者より倫理的でありたいと願っています。そういった理由で、わたし自身は殺人者を殺したくはないのです。これはけっして、殺人者を許していることにはなりません。殺人者が、殺人を心から悔い、反省したと伝わってくるならば、「赦しのとき」が到来するかもしれません。「許せなさの極限」のその先に、「赦し」の可能性が開けるのではないかと思っています。

そして、自分自身が犯してしまった罪を認識させ、心からの謝罪を求めるのが、わたしたちの社会の責務ではないでしょうか。そうすることによってしか、わたしたちの社会を覆う優生思想をそぎ落としていくことなどできないのだと思います。Uだけを死刑にして「これで終わり」にするのは、事態の解決にはなっていないどころか、優生思想を温存したまま「トカゲの尻尾切り」をしているにすぎないのです。

生まれたからには、生きてよい

さまざまな理由によって「生きている価値などない」「生きていても仕方ない」「殺されてもよい」「殺したほうがよい」という考えが広まっているように思います。他人に対しても、また自分自身に対しても、そのように思ってしまうのです。また、そうは思わないけれども、直面する現実に悲観して「もう生きていられない、死ぬしかない」と思ってしまう人もいるでしょう。

わたしは、そうした人たちに希望の言葉をかけたいとは思いますが、そうした言葉がウソくさく思えることも知っています。この先、生きていてよいことがあるかどうかもわかりませんから、「生き延びてほしい」と、強く思ってはいてもなかなかそうはいえないのが現状です。

それでもなお、わたしは、「この世に生まれてきたからには、どんな状態であっても、生きていてよい」といいたいと思います。そして、そのようにいうだけではなく、どのような状態であっても、生きられるような社会、さらには、生きたいと思えるような社会にしなければならないと思っています。障害者に関する事柄でいえば、優生思想の克服、障害者に使われる福祉財源を、真に本人が希望するサービスが選べるようにしていくことなどがあげられます。

今の社会においては、介助が必要な障害の重い人たちが親元を離れて生活することすら、本人がそうしたいと思っていても、まれなことです。そのようなことをしてもよい、そのように思ってよいということすら、本人に伝わってはいません。状況は非常に厳しくまた重くのしかかります。しかし、これまでがそうであったように、障害者運動は一歩ずつ状況を問題にし、解決の道を探っていくでしょう。「自分だけがよい、ではなく、誰ひとり締め出さない社会」を目指していくことが、どのような運動でもそうでしょうが、とくに障害者運動から、わたし自身は感じるところです。

障害者運動は、世界をも動かしています。２０２２年、国連の障害者権利委員会は、日本政府に対し、インクルーシブ教育の推進と、精神科病院の長期入院の見直しとを求めるよう勧告しています。日本における障害者の人権確立の遅れについて、国際的な批判が浴びせられたのです。

おわりに――相模原事件を超えていくために

この授業では、相模原事件を「自分ごと」として考えていくための、ひとつの道筋を示したつもりです。それは、この事件を、「Uによる特異な犯行」で終わらせるべきではない、と考えるからです。ここまで読んでくれたみなさんなら理解していただけるかと思うのですが、この事件は、「誰でも犯してしまうかもしれない事件」なのです。だからこそ、社会の一人ひとりが、障害者との向きあい方を考えていく必要があると、わたしは思います。

相模原事件を考えていくために、いくつかの知識や障害に対する見方などを述べました。生命倫理学におけるパーソン論、優生思想の歴史、現代の優生思想、複合差別（インターセクショナリティ）、障害者の自立生活とその歴史、自立生活を可能にする制度的課題、日本の教育の問題点とインクルーシブ教育、障害の医学モデルと社会モデルなどです。そのどれもが、重要なものであるとわたしは信じています。

わたしが大学1年のときに、「総合科目（人権）」という授業を受けました。この授業は、大学内でアジア系留学生への差別落書きが見つかり、大学当局と交渉して学生側が勝ち取った授業でした。前期には部落差別と在日韓国・朝鮮人差別、後期には女性差別と障害者差別とが講義されました。わたしは、残念ながら後期しか授業を受けられませんでしたが、そのときに障害者差別についての授業をしていた講師の言葉を記したいと思います。

学生のみなさんには、①障害者とつきあおう、②理論を学ぼう、③自分の生き方を見つめよう、という言葉を送りたい。

このパートでは、②のほんの一部を紹介したにとどまります。ぜひ、①はおこなってみてください。障害者の介助にかかわってみたり、障害者運動にかかわってみたりしてみてください。世界の見方が確実に180度変わります。しかし、いちばん大切なことは、①②を通して、③をおこなうことです。具体的にどんなふうに見つめたらよいかは、①②を通して自分なりに見つかるのではないかと思います。

人間は、変わります。わたし自身が、大学で障害者たちと出会い、変わりました。「障害があるからさまざまなことができない」から、「障害があるからこそまわりとつながっていくことができる」というように変わっていったのです。それはまさに、わたしにとってみれば「宗教的回心」に近いものでした。そして、人間が変わりうるのと同様に、わたしは、社会がよいように変わりうると、信じたいのです。

最後に質問

Q1 あなたに障害があるとき、「副作用なく障害が治る薬があります」といわれたら、あなたはその薬を飲むでしょうか？　また、家族なら、あるいは友人ならあなたは薬を飲むことを勧めるでしょうか？　このような問いが問われる前提として、どのような考えがあると思いますか？

Q2 近年、「障害」を「障がい」と表記するところが増えてきました。これは、「障害」の

「害」の字が「障害者は社会のなかにおいて害悪、じゃまな存在である」という考えを植えつけないようにする配慮である、ということのようです。しかし、わたし自身は「障がい」という表記は使いません。障害の医学（個人）モデルと社会モデルとのちがいを確認しながら、「障害はどこにあるのか」を考慮しつつ、あなたならどう表記するか、考えてみてください。「障害」「障がい」とはちがう表記を考えてみるのも、おもしろいと思います。

もっと学びたい人のために——図書紹介

❖荒井裕樹『障害者差別を問いなおす』ちくま新書、２０２０年

脳性マヒ者の団体「青い芝の会」が、自身たちが差別を受けているこの社会に対して、何を、どのように告発してきたかという歴史をたどることによって、障害者差別の本質を問います。「思いやり」「善意」「優しさ」を蹴飛ばした、彼らの主張とはどのようなものだったのでしょうか？

❖渡辺一史『なぜ人と人は支え合うのか——「障害」から考える』ちくまプリマー新書、２０１８年

「障害者は生きている意味がありますか？」「なぜ障害者や高齢者を支えなければならないの

ですか?」という問いに真摯に向きあい、わかりやすく答えた一冊です。人と人とが支えあうべき理由を、人と社会とのあり方を通して考えています。

❖DPI日本会議 編『知っていますか? 障害者の権利一問一答』解放出版社、2016年

「おなかの赤ちゃんに障害があるかどうかを調べる検査があると聞きました。どうしようか迷っています」「障害が重い人は、地域で暮らせるのですか?」「バリアフリーの法律とはどのようなものですか? 日本のバリアフリー整備は進んでいるのでしょうか?」など、基本的な疑問に答えることで、現代の障害者の権利について学ぶことができます。

※本稿は、日本学術振興会科学研究費助成事業(課題番号:21K18346「障害学と倫理学の架橋——障害者の生存から倫理学を構築する基礎的研究」)の助成を受けたものです。

(野崎泰伸)

第5限

わたしたちは動物たちとどう生きるか

前編 「家族」の動物と「食べ物」の動物

はじめに

第2限「貧困」で触れたように、ぼく（生田）はふだん、貧困の人たちの支援活動をしていますが、ここでは、なかのまきこさんと一緒に、「人間と動物の関係」の不思議さや複雑さを考えていきたいと思います。

ぼくが動物の問題について関心をもったきっかけは、小学校低学年のとき、鳥取砂丘に行って遊覧用のラクダに乗ったことでした。そのラクダは動きがにぶくて、飼い主の業者からムチで何度も叩（たた）かれていました。よだれをたらして歩くラクダがバシバシ叩かれるのを見て、かわいそうで仕方ありませんでした。

ただ、ぼく自身は、叩かれて歩くラクダに乗って観光しているんです。そのとき、ぼくはそのラクダに乗りながら胸が苦しくなって、「将来、動物のために何かをする人間になろう」と思いました。そういう思いがずっとあって、野宿や貧困状態の人たちへの支援活動をしながら、2019年に『いのちへの礼儀』という動物についての本を書き、それから動物の問題についても話をするようになりました。

貧困問題と動物の問題はけっして無縁ではなくて、社会的に共通する面がある、と考えるようになっています。

1　家族の動物――ペット（コンパニオン・アニマル）

最初に考えるのは、身近な「家庭動物」のペットです。「伴侶動物」という意味の「コンパニオン・アニマル」と呼ばれることもあります。

日本では、2003年から「人間の子ども」の数より「犬と猫」の数が多くなっています。今は、子どもよりペットのほうが身近な存在なのです。そして、そこでは「ペットの家族化」が進んでいます。

みなさんには想像がつかないかもしれませんが、1990年ころまで、日本で飼われている犬は、たいてい犬小屋で暮らしていました。エサも残飯が当たり前で、ペットフードなんてありませんでした。猫も多くは放し飼いで、あちこち勝手に歩いて食べ物を探していました。そして、ペットに避妊（ひにん）手術をする人はほとんどいませんでした。当然、子猫、子犬がいっぱい生まれますが、知りあいにあげたり、ひどいときには箱に入れて川に流したり、山や野原に捨てたりしていました。

それが、1990年代になるとペットフード、ペットシャンプーなどのペット商品、そして純粋犬種の登録などが増え、動物病院の数も増えていきました。ペットの医療費もどんどん増えて、ガンになった猫の手術代に300万円かけたという人の話を聞くようなりました。日本人は、ペットにお金をかけて大事にするようになったのです。

そして、犬や猫は「室内飼い」され、人間と家のなかでずっと一緒に暮らすようになりました。以前にはなかった「ペットのお葬式」や「ペットと一緒のお墓」もつくられ、ペットはどこから見ても「家族の一員」になっていきました。

なぜ、多くの人がペットをそんなに大事にするようになったのでしょうか。

日本では、とくに１９８０年代から多くの「家族」が安心できる関係ではなくなってきたといわれています。そして、親子関係などがうまくいかなくなったとき、人間の気持ちを察してくれる犬や猫が、家族の「癒やし」「潤滑剤」になったようです。ぼくの友だちの栗田隆子さんが、16歳のときに家で猫の「はるか」を飼いはじめたときのことを書いています。

「はるか」はこちらが思っているよりずっと人間関係の機微のわかる存在でした。

私が母と大げんかして自分の机に突っ伏して泣いていると近寄って私の涙をそっとなめ、その後台所にいる母に近づき彼女の足をやおら引っ掻くなどどちらが弱い立場に立っているのかを判断しているようでした。

最初は猫を飼うことに反対していた父も、我々が寝ている夜中に帰ってきても出迎えてくれる「はるか」に対し「お前だけだよ、出迎えてくれるのは」と言っていたのが思い出されます。

この「はるか」は確実にペットではなく今の言葉で言うところの「コンパニオン・アニマル」でした。（栗田隆子『呻きから始まる』）

「はるか」は人の心の痛みを察していたんだと思います。そのとき家でいちばんさびしい人に近づいていたんでしょう。この特性は、群れで生活をするオオカミを祖先とする犬が強くもっています。群れでは、ほかのメンバーの気分を察知して協力することが重要で、犬はその性質を受け継いでいるのです。「イヌはいつでももっともひどく傷ついている子を探し出して近づいていく」(ユージン・リンデン『動物たちの不思議な事件簿』)といわれることがあります。犬のこの能力を利用して、治療のサポートに使われることがあります。いわゆるアニマル・セラピーです。

日本では、重い病気の患者の治療に加わるトレーニングを受けた「ファシリティドッグ」第1号になった「ベイリー」が有名です。ベイリーは、リハビリに取り組んだり採血される子どもなど、合計2万2500人以上の子どもにかかわりました。痛い検査も「ベイリーと一緒ならあと100回やりたい!」という子どもがいたり、苦しいリハビリでもベイリーが一緒だといつもの倍の時間でもできる子もいたそうです。こうした「ファシリティドッグ」は今各地で増えてきています。

ベイリーは病気の子どもたちを支えましたが、カナダでは、無差別殺人を防いで多くのいのちを救った犬がいます。ネットニュースに掲載されていた記事によると、2004年、カナダのトロントで40代の無職の男性が自暴自棄になり、弾薬6000発、ライフル、ショットガン、ナイフ、鉈(なた)を車に積んで、公園で無差別の銃撃事件を起こそうとしました。

男性が公園で銃の安全装置をはずしていると、犬が近づいてきて、そばから離れようとしませんでした。もともと動物が好きだった彼は、「こんないい犬がいる街なら、ここにいる人たちもいい人なんじゃないか。そうだとしたら、自分の計画を実行できない」と思いはじめ、警官のところに行って「ぼくは頭がおかしい。病院に行く必要がある」といって自首しました。

結果として多くの人命を救ったこの犬も、男性の絶望や傷に気づいて近づき、離れようとしなかったのかもしれないと思います。

『古事記』などの世界の昔話や神話では、動物が人間とかかわりあって助けてくれる話がよく出てきます。このカナダのニュースを見ると、それはたんなる「つくりごと」ではなくて、今でも現実にあることかもしれないと思います。

こうして「家族の一員」になったペットですが、２０２０年にコロナウイルスのパンデミックが本格化すると、犬や猫を飼う人がさらに増えていきました。「コロナで自宅にいる時間が増えたから」「自粛(じしゅく)生活の癒(い)やしがほしくて」といった理由です。

でも、そのペットを飼いつづけられなくなって、保健所などに捨てるケースが増えました。ペットはペットショップで簡単に買えますが、犬や猫は10年、20年生きます。「小犬のときにはかわいかったけれど、かわいくなくなった」「子どもが犬をほしがったけれど、しばらくしたら飽きてしまった」「引っ越すマンションはペット厳禁だった」といった理由で、飼い主が犬や猫を保健所や動物愛護センターに連れていっているのです。保健所や動物愛護センターに連れていかれた犬や猫は、１週間ほどおかれたのち、多くは引き取り手が見つからないまま、二酸化炭素を吸わされたあと焼却されます。そのようすについては、こういわれています。

ガス処分というと、眠るように逝(い)く安楽死に近いものをイメージする人もいるかもしれないが、使用されるのは二酸化炭素ガス(炭酸ガス)なので実際には窒息死だ。処分機に入れられた犬たちは十五分近く、もがき苦しみながら最期をむかえる(片野ゆか『保健所犬の飼い主になる前に知っておきたいこと』)。

こうした犬や猫の殺処分は何十年もずっと続いています。犬や猫は、1974年度には、なんと約122万1000匹が殺処分されていました。その後、民間団体や行政など多くの人の協力で、1984年度に約111万4000匹、2020年度に2万3764頭と減ってきています。

とくに犬の殺処分は減りましたが、猫の殺処分数は最近「ほぼ横ばい」のままです。「野良猫などによる屋外での繁殖(はんしょく)が多い」「去勢手術をおこなわない飼い主が多い」ため、なかなか減らないようです。そこで、野良猫に不妊・去勢手術をして、時間を決めてエサを与えてトイレを設置して育てる「地域猫」の活動がさまざまな地域で取り組まれています。また、ぼくのいる「野宿者ネットワーク」では、動物の団体と協力して、野宿の人が飼う猫の避妊手術をたびたび手伝っています。

犬や猫の殺処分の問題は、こうして大きく改善してきました。ただ、人間とかかわる動物は「ペット」だけではありません。たとえば、犬や猫を家族のように大事にする人の多くも、給食や家の食事などで牛肉や豚肉、ニワトリを毎日のように食べているでしょう。
ペットの犬や猫を殺すことは大きな問題です。では、牛やニワトリを食べるために殺すことは問題ではないのでしょうか。そこにどういうちがいがあるのでしょうか。

2 「食べ物」としての動物——畜産動物

日本では1年間に牛を約105万頭（1日2885頭）、ブタを約1676万頭（1日4万5925頭）、ニワトリを約8億羽（1日224万658羽）屠畜して食べています（2020年度。さらに、ほぼ同じ量の食肉を輸入しています）。当然、これは犬や猫の殺処分よりはるかに多いです。とくにニワトリの数はすごいですね。

ニワトリは「唐揚げ」「フライドチキン」「親子丼」などがコンビニや食堂などで大量に出されていますし、ニワトリの卵は「物価の優等生」といわれ安く売られてきました。でも、考えてみると、わたしたちは「生きているニワトリ」を見ることはほとんどありません（もともと「ニワトリ」は「庭鳥」で、家の庭にいる身近な動物だったのですが）。

みなさんは、写真などを見ないでニワトリを描けるでしょうか。図1は、ある人が記憶だけで描いたものです。ニワトリが4本足になってます。ニワトリは鳥だから当然2本足ですよね。

こういう「4本足のニワトリ」の絵は、1970年代後半から日本で話題になっていました。つまり、そのころから、ニワトリは日本人にとって「見慣れない動物」になっていたのです。要するに、ニワトリはわたしたちにとって「生きもの」ではなく「食べ物」なのです。

それでは、生きもののニワトリは、日本でどのように生活しているのでしょうか？

ここでは、卵を産む「採卵鶏」について見てみます。というのも、卵の1人あたりの年間消費量は、世界1位がメキシコの３８０個、2位が日本の３４０個（国際鶏卵委員会、２０２０年）で、日本人はニワトリの卵を「爆食い」しているからです。日本では、採卵鶏が1億３７００万羽飼育されています（農水省「畜産統計」２０２１年）。日本の人口より多いです。

図1　４本足のニワトリ

（出所）林幸治「『自然とかかわる保育』の実践的指導力の男女差について（その２）」

自然のニワトリは、有精卵を産むと、1日に3回から5回、卵を回転させながら卵を温めつづけます。でも、これでは効率が悪いので、大量の卵を人工孵卵器でいっせいにかえす「人工孵化」がおこなわれています。自然のヒヨコは母親と過ごして生活スキルを学びますが、「人工孵化」によって生まれてくるヒヨコは、自分の母親を一度も見ることがありません。

生まれてくるヒヨコの約半数は、当然オスです。でも、オスは卵を産まないし肉質もよくないので、性別がわかると、すぐに殺処分されます。

ドキュメンタリー映画『DOMINION（ドミニオン）』などでそのようすを見ることができますが、ピヨピヨと鳴くヒヨコがベルトコンベアで大量に運ばれて、ローラーやミキサーで「グシャッ」とつぶされて殺されます。日本では、オスのヒヨコは生きたままゴミ箱に入れられて窒息死させられたり、コンテナで圧死させたりと、「いちばん長く、ひどく苦しむ」といわれる方法で殺されているようです。処理されたヒヨコは、飼料としてほかの動物に与えられます。

こうした殺処分で、世界では65億羽以上のヒヨコが毎年殺されています。日本では1年間に産卵鶏（つまりメス）が1億3700万羽いるので、殺処分されるオスのヒヨコも同じぐらいいるはずです。海外では、ヒヨコのこうした殺処分は「動物虐待」とされ、ドイツでは2021年、フランスでは2022年に禁止になり、イタリアでは2026年から禁止にすることになりました。でも、「日本ではこの問題について、議論さえ始まっていない」（認定NPO法人アニマルライツセンター）状態です。

それでは、生かされた採卵鶏のメンドリはどのように生きるのでしょうか？

ニワトリは、生後10日〜2週間すると、つつき合いによるけがや過食の防止のため、くちばしの一部を切り取るデビーク（「ビーク」はくちばし）がおこなわれます。くちばしは神経が集まるところで、しかもデビークは麻酔なしでおこなわれるので、ヒヨコに大きな苦痛があるとされます。実際、デビークされたヒヨコは痛みでしばらく食欲を失います。

イギリス、オランダ、ベルギー、スカンジナビア諸国などは、デビークを完全禁止にする方向で議論を進めています。でも、日本では2014年で採卵鶏の84％がデビークされています（アニマルライツセンター）。

ニワトリの住む鶏舎は、ケージ（鳥かご）飼育と平飼いの2種類があります。以前は、農家が庭で数十羽程度のニワトリを平飼いするのが多かったのですが、今では工場のような大規模な「ケージ」で、何万羽ものニワトリが大量飼育されています。

とくに普及したのが「バタリーケージ」で、ワイヤーでできたA4サイズのケージのなかにニワトリを2羽ずつ（日本の一般的な収容数）入れ、それを何段かに重ねて飼育する方式です。このバタリーケージはアメリカで開発され、1950年代から日本でも普及しました。

自然のニワトリは、羽ばたきや羽繕い（はねづくろい）をして、餌（えさ）を探して地面をつついて、穴に入って砂を浴び、暗くなると止まり木に止まって眠ります。けれども、ケージ飼育ではそうしたことがほとんどできません。

スイスは2000年代からケージ飼育を禁止し、採卵鶏は「平飼い」か「放し飼い」（平飼いで日中の過半を屋外で飼育する）になっています。オランダも2008年にほぼ100％ケージ飼育を廃止しました。EU全体では、2012年から産卵のためのバタリーケージを禁止して、ケージのなかには止まり木、砂、巣箱を設置しなければいけない、と決定しました。これは「エンリッチドケージ」（改良型ケージ）といわれ、従来のケージより大きくつくられています。EUでは2027

年には、すべてのケージ飼育を禁止する方向です。アメリカでも、州によってはケージ飼育を禁止しています。一方、日本ではバタリーケージの使用率は２０２０年では94・1％です（国際鶏卵委員会）。

日本の多くの採卵鶏は、１個60グラムの卵を年間２８０個ほど産んでいます。

ニワトリの原種は、東南アジア一帯に今もいるセキショクヤケイです。野生のセキショクヤケイが産む卵は年に6個ぐらいでした。それが品種改良され、１９５０年ごろには年に50個以上産むようになり、さらにそれが３００個近くまで増えていきました。

でも、自分の子孫になるわけでもない卵を毎日産むのは、動物にとって、どう考えても不合理なことです。それに、野生のニワトリは、巣をつくって卵を抱く性質や、ヒヨコを育てる本能があります。でも、採卵鶏は子育ての能力を除くように人間によって選抜されつづけ、「毎日ひたすら卵を産みつづける」不自然な生きものへとつくりあげられました。

それでも、たまに子育てを思い出すニワトリがいて、かえらない卵を1か月ほどひたすら抱きつづけます（餌もほとんど食べずに箱などにこもるので「巣ごもり」といわれます）。でも、こういうニワトリは養鶏業では不要なので、隔離されたり廃鶏（食用）にされたりします。

卵の殻(から)はカルシウムなので、卵を生みつづけるニワトリは重い骨粗鬆症(こつそしょうしょう)（骨の量が減って骨折しやすくなる）になっていきます。そこで、農家は17〜18か月すると、ニワトリを殺処分して肉用にします（本来、ニワトリの寿命は10年ぐらいです）。こういう「廃鶏」の肉は硬いので、肉だんごやハンバーグなどの加工用に利用されるか、埋められて肥料にされます。なお、「若鶏」として売られているブロイラー（肉用鶏）は、生まれて「50日」で食べられています。ほとんど「赤ちゃん」のようなニワトリを食べているのです。

このような大量生産型の畜産を「工場式畜産」（工業畜産）といいます。ここでは採卵鶏を見てきましたが、ブロイラー（肉用鶏）、牛、ブタ、そして養殖魚などの飼育の多くも「工場式畜産」になっています。アニマルライツセンター発行の『日本の動物に起きていること――畜産：アニマルライツとウェルフェア』のデータ版（https://arcj.org/issues/animal-welfare/textbook1_download/ダウンロード無料）が参考になります。また、ここではあまり触れられませんでしたが、「工場式畜産」は環境破壊の最大の要因で、地球環境の問題を解決するためにも「工場式畜産」の問題を避けることはできません。くわしく知りたい人は、ぼくの書いた『いのちへの礼儀』を読んでみてください。

3 動物の福祉――アニマルウェルフェア

「工場式畜産」はアメリカで1960年代に始まり、世界に広がっていきました。それに対して、こうした動物の状態に心を痛めた人たちが、「アニマルウェルフェア」つまり「動物の福祉」の動きを始めます。

1964年、イギリスのルース・ハリソンが『工場式畜産』の問題を描いた『アニマル・マシーン』を出版して大きな反響を呼びます。この動きはヨーロッパ全体に広がり、1968年から、ヨーロッパ評議会（COE）が家畜動物の保護に関する協約を策定し、1978年から、EUが産卵鶏のバタリーケージ飼育の禁止を決めるなど、多くの家畜動物についてのさまざまな改善策を出していきます。

アニマルウェルフェアの国際基準として「5つの自由」が有名です。

1　飢えと渇きからの自由──完全な健康と元気を保つために新鮮な水と餌が確保されること。
2　不快からの自由──避難場所と快適な休息場所を含む適切な環境が確保されていること。
3　痛み、傷害、病気からの自由──予防と迅速な診断および処置がなされること。
4　正常な行動を表出する自由──十分なスペース、適切な施設、および同種動物の仲間が確保されること。
5　恐怖と苦悩からの自由──精神的苦痛を回避するための条件および対策の確保。

（上野吉一・武田庄平編『動物福祉の現在』）

最近では、家畜動物のプラスの体験を重視した「5つの領域」、つまり「良好な栄養」「快適な環境」「良好な健康とフィットネス（運動すること）」「積極的な行動（探索・交流・遊びなど）」「よい精神状態」も重視されています。

アニマルウェルフェア団体が改善に最も力を入れたのが「ケージ卵」です。「ケージ」に対して、広々とした場所で自由にニワトリたちが生活する「平飼い卵」（放牧卵）の生産を推進したのです。

図2は、山梨県にある農場です。

こうした「放牧卵」は、のびのびとした環境で育ったニワトリが産むので、品質が良くておいしいことで知られています。ただ、「ケージ卵」に比べて値段が2倍ぐらいになります。でも、イギリスで2010年には販売されている卵の50％以上が放牧卵になり、アメリカではウォルマート（アメリカの食料品の売上の25％を占めている）が2025年までに販売の100％をケージフリー卵にすると発表しています。

図2　農業生産法人黒富士農場（山梨県甲斐市）で平飼いされるニワトリ

（出所）農林水産省Webサイト（https://www.maff.go.jp/j/pr/aff/1311/spel_04.html）

一方、日本では、バタリーケージの使用率が94・1％（2020年）で、安い卵を大量につくる「工場式畜産」から変化が起きていません。むしろ、こんな事件が起こっています。

2021年、大手の鶏卵生産会社「アキタフーズ」代表が、当時の農林水産大臣にホテルや大臣室で計500万円を渡して、収賄罪で起訴されました（その後、贈賄罪などで有罪判決）。会社代表は「アニマルウェルフェア」の基準案を農林水産省が受け入れることに反対していました。代表はホテルで「大臣就任お祝いの会」を開いて、大臣がトイレに行くと追いかけ、「お祝いです」といって200万円入りの封筒を上着のポケットに突っ込んでいました。

アニマルウェルフェアを導入すると、ニワトリの飼育にお金がかかるからやめてくれ、ということです。「物価の優等生」といわれた「安い卵」はこうしてつくられてきたのです。

でも、2023年には日本の卵が大きく値上がりしました。スーパーの卵の値段を見て、びっくりした人もいたと思います。これは、全国で「鳥インフルエンザ」が流行して、卵を産むニワトリが大量に殺処分されたためです。2022年秋から2023年春までに殺処分になった採卵鶏は全国で1385万羽で、全国で飼われている採卵鶏の1割を超えました。

人がインフルエンザに感染したら、普通は隔離して治療しますね。でも、養鶏場で鳥インフルエンザが発生すると、「家畜伝染病予防法」でその農場で飼われているニワトリは「すべて殺処分する」と決められています。

作業員は、手づかみでニワトリをケージから1羽ずつ取り出し、プラスチックの大型バケツに入れていきます。そして、炭酸ガスを注入して窒息死させます。もちろん、殺処分される多くは感染していないニワトリです。さっき炭酸ガスを使う犬の殺処分の話をしましたね。犬は窒息して苦しみますが、当然、バケツのなかのニワトリも激しく鳴いて暴れます。

こうした殺処分は、毎年のように続いています。殺処分に携わった作業員がこういっています。

「いまでも鶏の鳴き声や暴れる姿が脳裏に焼きついている」「鶏が悪いわけではない。本当にかわいそうで嫌な作業だった。でも早期の収束のために手を止めている時間はなかった」(「朝日新聞デジタル」2020年11月13日)

何万羽ものニワトリが集められているバタリーケージの「密」な生活環境では、当然、インフルエンザなどが発生すると感染爆発してしまいます。残念ながら、今のような動物の飼育が続くかぎり、こういう殺処分はこれからも続いていくでしょう。

4 世界から見た日本の評価──解決する3つの方法

日本の動物の状態は、世界からどのように見られているのでしょうか。

動物保護活動をおこなうWAP(世界動物保護協会)が50か国を対象にした「動物保護指数」(API)レポート(2020年)を見てみましょう(表1)。

いちばんいい評価はA、最低の評価がGです。日本はA、B、Cがひとつもありません。

とくに問題は畜産動物で、日本の評価は最低の「G」です。先進国の多くは「B」から「D」なのに、日本は先進国としては例外的な国になっています。日本の状況について、動物問題の松本洋一さんは「日本の現実全体をみると、まさに畜産後進国として、欧米の畜産革命の波を被(こうむ)っていないかの様相である」といっています。

こうした動物たちの問題を解決しようとするなら、わたしたちはどうするべきなのでしょうか。家畜動物の問題を解決する方法は、大きくいって3つあると思います。

「1　アニマルウェルフェアを進める」「2　家畜を減らす」「3　動物や乳・卵を食べるのをやめる」です。

「工場式畜産」のひとつのわかりやすいかたちが「ケージ」ですが、それでいうと、1はいわば「ケージを大きくする」(改良型ケージのように)、2は「ケージの数を減らす」、3は「ケージを空にする」ということです。

1は「工場式畜産」の商品を買うことをやめて、アニマル・ウェルフェアでつくられた商品を買う、ということです。たとえば、「放牧卵」(平飼い卵)などのアニマルウェルフェア製品が、農場のホームページなどから直販で購入できます。また、イオンや東急ストア、イトーヨーカ堂などでも「平飼い卵」を販売するようになっています。こうした製品を購入して、アニマルウェルフェアの生産者を応援するという方法です。

2は、たとえば「月曜日は肉を食べるのをやめよう」という「ミートフリーマンデー」などの取り組みです。肉を食べる量を減らせば、当然それだけ「工場式畜産」で飼育され殺される動物は減ります。また、「ソイ(大豆)ミート」「ヴィーガンチーズ」など、植物で肉やチーズのような食感と味を再現した製品も増えていて、こうした「代替食品」を食べる方法もあります。

3は、ベジタリアン、ヴィーガンの立場です。すごくおおざっぱにいうと、ベジタリアンは「肉

表1　WAP（世界動物保護協会）2020版の動物保護指数（API）レポート（対象50か国）

- 「動物の知覚は法律によって正式に認められているか」→日本の評価F
- 「動物に苦痛を与えることを禁止する法律があるか」→日本の評価D
- 「畜産動物の保護について」→日本の評価G
- 「管理下の動物の保護について（展示動物や毛皮産業など）」→日本の評価D
- 「コンパニオンアニマルの保護について」→日本の評価D
- 「使役動物および娯楽に用いられる動物の保護について（サーカスや闘犬など）」→日本の評価G
- 「科学研究に用いられる動物の保護（動物実験）」→日本の評価E
- 「野生動物福祉の保護」→日本の評価E
- 「動物福祉における政府の責任」→日本の評価F
- 「OIE〔国際獣疫事務局〕動物福祉基準の遵守状況」→日本の評価F

- トータルでの日本の総合評価はE

や魚を食べない」食生活で、なかでもヴィーガンは「肉、魚、卵、乳、はちみつを飲食せず、動物を使った衣類など動物による商品を使わない」という立場です。

海外ではベジタリアンの比率1位がインドで28％、2位が台湾14％、3位がドイツ10％、4位がカナダ9％となっています（観光庁、2018年）。日本では、ベジタリアン、ヴィーガンは5・9％のようです（20代以上の2418人に聞いた調査・2023年1月）。

なお、ベジタリアン、ヴィーガンについて「そんな食事だと体によくない。肉を食べないと健康になれない」という人がよくいます。でも、テニスのノバク・ジョコビッチやビーナス・ウィリアムズはベジタリアンです。オリンピックで金メダル4連覇した陸上のカール・ルイスや、プロボクサーのティモシー・ブラッドリーはヴィーガンでした。ヴィーガンでも、栄養バランスに注意すればとくに健康に問題はありません（肉を食べる人にも、栄養バランスで問題のある人はたくさんいますね）。

ベジタリアンというと「大人がやること」「子どもじゃ無理」と思うかもしれません。でも、自分の意思でベジタリアンになる子どももいます。

俳優のナタリー・ポートマンは、「9歳のときに鶏のレーザー手術のドキュメンタリーを見て以来、ベジタリアンになった。食べるために動物を殺していることを知るとすぐ、その不正に衝撃を受けて行動することにした」といっています。『アナと雪の女王』でアナの声を演じたクリスティン・ベルも11歳からのベジタリアンで、「わたしは、ずっと動物が好きで、かわいがっている犬と猫と、食事で出される動物を区別することができなかった」といっています。

ぼくは、家では肉、魚、卵、牛乳は買わない、食べない食生活をしています。豆乳ヨーグルトやソイ（大豆）ミートなどもよく使います。ただ、外食は難しいです。いろんなお店のメニューを見ればすぐわかりますが、たいていのメニューには肉や卵が入っているし、和食にも「だし」で鰹節が使われています。外食をしながらベジタリアン、ヴィーガンを続けるのは、かなりハードルが高いです。

なので、ぼくは、意識的に動物性食品を減らすという「フレキシタリアン」になります。いつも、外食などでもっとベジタリアン、ヴィーガンに対応したメニューがあったらいいのにな、と思います。最近は「ヴィーガンラーメン」や「ヴィーガン弁当」などのお店がだんだん増えてきました。こういう選択肢がどんどん増えていったらいいなと思っています。

（生田武志）

後編　実験動物・展示動物・野生動物・震災と動物

はじめに

わたし（なかの）は物心ついたときから、生きものたちに心をうばわれてきました。今でいうところの「オタク」に近いかもしれません。庭に遊びに来る小さな野鳥たち、テレビの向こう側で見る大きなヒグマやキリン、そしてシートンやファーブル、椋鳩十（むくはとじゅう）などの動物文学に夢中になっていました。その後、さまざまな動物たちと暮らしながら、「動物たちに起きていること」を知り、衝撃を受けるようになったのです。自分の「師匠（ししょう）」であり「仲間」である動物たちがおかれた悲惨な状況を知るにつれ、何かできないかと考えるようになりました。19歳のとき、動物と人の共生を考えるプロジェクト「ひげとしっぽ」を仙台で立ち上げ、活動とアルバイトを続けながら、25歳で大学に進学し、獣医師免許を取得しました。

自分の体験をふまえつつ、さまざまな分野における動物たちの状況、そして何ができるかを、みなさんと一緒に考えたいと思います。

1　遠いようで実は身近な実験動物の存在について

みなさんは、動物実験というと、どんな印象をもたれるでしょうか？　医学の研究や、ワクチン開発などの「医療」分野で不可欠なもの？　あるいは、聞いてもピンとこない、どこか遠い世界でおこなわれていること？　でも、はたしてそうなのかな？　実は、わたしたちの身のまわりにある洗剤やシャンプー、化粧品、そして医薬品などのほとんどが、数々の動物実験をへて出まわっているのです。子どもたちが喜ぶおもちゃなどの一部も、動物実験で安全かどうかが試験されています。ここでは、動物実験がいいか悪いかを問うのではなく、いかに実験動物の犠牲や苦痛を減らせるのかということを考えていきたいと思います。

動物実験に使われることが多い動物として、マウス、ラット、モルモット、ウサギ、イヌ、ミニブタなどがあげられます。なかでも、マウスとラットは、その90％を占めるともいわれます。使用数は、正確な統計が存在しないためわかりませんが、国内では年間数百万匹を超える実験動物が犠牲になっていると推定されています。

実験がおこなわれるのは、企業や大学などの施設の研究室内です。なので、一般市民であるわたしたちは、どんなことがおこなわれているのかを知ることができません。勇気のある研究者や内部にくわしい人たちによって、告発や情報提供がされることで、驚くような実態が明らかになることがありますが、多くは壁の向こう側で、動物実験をする人の倫理観、さらに施設内で構成される動物実験委員会の判断にゆだねられています。

日本では、実験動物を護（まも）る法令は、動物愛護管理法のみです。同法第41条において、「できる限り動物を供する方法に代わり得るものを利用すること、できる限りその利用に供される動物の数を

表　日本と海外の動物実験の法規制の比較

国	EU	アメリカ	オーストラリア（ビクトリア州）	日本	韓国
実験者	許認可	（訓練義務）	登録	なし	（要件記載）
実験施設	許認可（機関単位）	登録	免許	なし	登録
実験計画	許認可	あり	あり	なし	あり
繁殖・販売業者	許認可	免許	免許	なし	登録
外部査察	あり	あり	あり	なし	あり
委員会	あり	あり	あり	なし	あり
教育・訓練	あり	あり	あり	なし	あり
記録	あり	あり	あり	なし	あり
罰則	あり	あり	あり	なし	あり

（作成）藤沢顕卯2015

少なくすること、できる限りその動物に苦痛を与えない方法によってしなければならない」と記されています。これは、あとで述べる「3R」という考え方にもとづくものです。

しかし実際には、上の表のとおり、日本の動物実験の法規制は非常に遅れているのが現状です。動物実験が適切かどうかを監査する委員会も、法的には義務化されていないため、医学・獣医学系の大学や製薬会社などの企業では設置が当たり前になってきている一方、小さな規模でおこなわれる動物実験（心理学や体育学、人間学部など）は野放しになっていることがあります。また、動物を適切に扱うことができる人がいない実験の現場も存在しています。さらに、外からの監視の目（専門家などによる外部査察）がないことも問題です。動物実験は、自主規制だけでなく、法律上の整備が大きく問われていると思います。

わたしが、はじめて動物実験のことを現実として感じたのは、高校卒業後に医大を受験したときのことです。試験中に、犬の絶叫を耳にしました。あとでわかったのですが、試験会場のすぐそばに、動物実験施設があったのです。その後、動物にかかわる活動を始めてから、当時医大生だった友人の案内で医学部の研究室に行く機会がありました。そこで目にしたのは、2頭のニホンザルでした。眼科の実験に使われているサルたちは、顔面が青白く変色し、おびえていました。ついこの前まで森のなかで暮らしていたはずの彼らは、檻のなかで何を思い感じているのだろう。あまりのショックで、わたしは立ち尽くす以外何もできませんでした。

２０００年以前は、飼い主に捨てられた犬猫や、野生から捕獲されたニホンザルなどが、普通に動物実験に使われていました。しかし、野生のサルが違法捕獲されて、国内の大学や研究機関に流通している事実を『朝日新聞』が一面トップで報道し、日本霊長類学会は、原則野生のニホンザルを実験に使わないよう研究機関に通達を出しました。

保健所に収容された犬猫も、１９９５年当時は、年間2万１０００頭余りが、動物実験用に払い下げられていました。さまざまな保護団体や個人の活動により、全国の行政からの実験目的の犬猫の払い下げがおこなわれなくなったのは、２００５年。つい最近のことなのです。

動物実験に反対する声が高まったのは、80年代に「化粧品開発のための動物実験」が明るみになったことが大きいといわれています。なかでも、ウサギを使った「ドレイズテスト」という試験が問題となりました。これは、生きて感覚のあるウサギの目に、化粧品の原料である化学物質を入れるものです。ウサギの角膜はとても繊細にできていて、さらに涙腺が発達していないため、異物を涙で流すことができません。そのウサギの特性が、試験に好都合であったのです。ウサギの目は腫れあがり、出血し、ただれ、潰瘍（かいよう）ができたり腐（くさ）ったりします。一見して華やかで魅力的な化粧品の開発の裏で、このような悲惨な現場があることを、海外の団体が写真を掲げて抗議しました。そして、２００９年、ＥＵでは、原料も含めすべての化粧品の動物実験を禁止することとなりました。国内でも、２０１０年以降、大手メーカーが次々と化粧品の開発にともなう動物実験をやめました。市民の声が高まり、そして研究者や企業の倫理が見直された結果だと思います。

わたしたちは、暮らしのなかで使う物を購入する際、「選択」するという自由があります。動物の犠牲ができるだけ少ない製品を選ぶこともできます。さまざまなメーカーに、動物実験の有無を質問することも、動物の犠牲を減らしてほしいと声を届けることもできます。一人ひとりができることは限られていても、それが積み重なれば大きな潮流を生むことにつながります。

動物実験は、製品開発や医科学分野の研究にとどまりません。教育現場でも、動物の犠牲をともなう実習があります。昔は、小中学校でフナやカエルの解剖が頻繁（ひんぱん）におこなわれていました。そんななか、１９８７年、カリフォルニア州で、ひとりの少女がカエルの解剖を拒否し、裁判を起こしました。これは大きな論議となり、結果として、同州は、学生が解剖実習を拒否し代替法（動物を犠牲にしない方法）で学ぶ権利を法的に認めることになりました。現在、イギリスやドイツなど多くの国が、小中高の動物解剖実習を禁止しています。早い時期に、すべての公立学校における解剖実習を全面禁止にしたアルゼンチンには、以下のような決議文（部分）があります。「生物学の知識と科学的関心には、あらゆる生命への敬意や憐れみとを、完全に両立させながら高めていくことが必要であり、破壊することよりも創造することを優先する倫理的価値観を高めることが大切である」。

しかし、大学、とくに医学部や獣医学部、薬学部などでは、動物を死にいたらしめる実習（以下、致死実習と記します）は今もおこなわれています。

わたしは獣医学部に進学したのですが、いちばんの苦悩の種はこの致死実習でした。生理学、薬理学、外科学など、さまざまな授業で動物を犠牲にする実習があるのです。なんとか動物のいのちをうばわずに獣医師になる道はないか、と調べるうちに出会ったのが、InterNICHE（International Network of Individuals and Campaigns for Humane Education）です。動物を犠牲にしない教育の実現に向けて活動をおこなうこのネットワークは、当時すでに20か国以上の学生、教授や専門家などが参加していました。大学2年生のときに、イギリスで開かれた同ネットワークの大会に出かけ、同じ思いを抱いている獣医学生が世界中にいることを知り、大いに勇気づけられました。それから紆余曲折しつつも、結局致死実習には出ることなく、大学を卒業し獣医師国家試験を受けることがかないました。

獣医学部では、4年次以降、研究室に入ることが必須となっています。わたしが入室したのは「実験動物学研究室」でした。当時、動物福祉に最も理解を示していたのが、この研究室だったのです。実験動物学では、「３Ｒ」という考え方があります。これは１９５９年に、イギリスのラッセルとバーチが提唱したもので、①Reduction（数を減らす）、②Refinement（苦痛の軽減）、③Replacement（代替法）の頭文字をとったものです。近年では、これにResponsibility（責任）も加えられることがあります。３Ｒについては、研究室でも授業でも繰り返し教わりました。実習で動物を殺したくないというわたしの気持ちをくんでくださったのが、この研究室の教授たちであったことは、ある意味当然だったのかもしれません。

大学の卒業式の日、研究室の恩師は、１匹のラットをわたしに託してくれました。それが、ジョンです。ジョンは、生後半年ほどの若いオスで、おっとりとした賢い子でした。先住の犬たち猫たちも、最初は不思議そうにジョンを眺めていましたが、そのうち存在を認めるようになりました。手のひらで安心して、お餅のようにぺたんとなって眠るジョン。世界中にいるであろう彼の仲間たちが、実験室で苦しいつらい思いをしませんように、と心から思いました。

実験動物は、けっして遠い存在ではありません。日ごろ出会うことはなくても、今この同じ時間をわたしたちと一緒に生きています。彼らの存在を考えることは、人間の暮らしや近代科学などを再考することにもつながっていくかもしれません。

2 「展示」される動物たち

動物園や水族館は、子どものころに行った経験がある人がほとんどではないかと思います。

先日、休日の動物園に、久々に出かける機会がありました。青空のもと、家族連れでにぎわい、売店には人気動物種のぬいぐるみやグッズが並び、おいしそうなソフトクリームも売られていて、まるで遊園地に来たかのようです。しかし、遊園地とは大きなちがいがあります。それは、生きている動物たちが、「今、ここ」にいる、ということです。

今から40年以上前になりますが、わたしが小学生のころです。学校の行事で、動物園に出かけました。帰ったあと、全員が「感想文」を書かされました。そのとき、仲良しだった女の子が書いた一言が忘れられません。

「動物がかわいそう」

当時の動物園は、動物が暮らす檻は狭く、コンクリートの冷たい小部屋のようなところが多かったのを記憶しています。そして隠れる場所もなく、動物たちは、ひたすらぐるぐる歩きまわっていたり、身体を左右に揺らしつづけたりといった常同行動を見せていました。本来であれば、アフリカのサバンナで暮らすライオンが雪空を見上げ、群れで行動するゾウがひとりぼっちで過ごすさまが、子ども心にも「普通ではない」と映るのは当然かもしれません。なぜなら、当時から、海外の野生動物を取り上げるドキュメンタリー番組などで、わたしたちは自然界で生きるライオンやゾウやキリンの本来の姿を見て知っているからです。

しかし、近年の動物園は、昔とは大きく姿を変えています。遊び道具があったり、隠れ家があったり、さらに種によっては草地や池の工夫がされていたり、高い所にジャンプできる構造になっていたりします。半世紀前の無機質で殺風景な檻や放飼場とは、明らかにちがうのです。

「動物たちの環境や生活の質を高めよう」という一連の取り組みは、「環境エンリッチメント」と呼ばれています。動物福祉の観点から、できるかぎり、その動物種の習性や生態に考慮した環境をつくっていくというもので、飼育員さんたちが現場レベルで試行錯誤しながらさまざまな試みをおこなっています。

エンリッチメントには、「採食」「社会」「認知」「感覚」「空間」という5つの方法があります。たとえば、遊び道具やロープなどを入れて環境変化をもたらすのは「空間エンリッチメント」、本来の生態に沿うようにゾウやカピバラなどを群れ飼育するのは「社会的エンリッチメント」というように、それぞれの種の特性に合わせて、工夫がなされています。特定非営利活動法人「市民ZOOネットワーク」は、毎年1回、環境エンリッチメントに取り組む動物園や飼育担当者を応援する目的で「エンリッチメント大賞」というものを実施しています。

では、そもそも「動物園」とは何のためにあるのでしょうか?

公益社団法人「日本動物園水族館協会」（以下JAZA）は、動物園の4つの役割をあげています。「種の保存」「環境教育」「調査・研究」「レクリエーション」です。近年の地球環境は、まさに人類によっておびやかされ、かつてないスピードでの生物種の絶滅が危惧されています。消えていくかもしれない動物種の保護・繁殖は、動物園の使命のひとつといえるかもしれません。そして、動物たちのおかれている現状を正しく伝える「教育」も、必要です。

動物園によりますが、動物種、あるいは現在展示されている個体についてのくわしい説明（パネル、あるいは飼育員による）が、かなり増えた印象があります。しかし、まだまだ日本では「動物園はレジャー施設」というイメージが強いことは確かです。

井の頭自然文化園（動物園）では、「ヤマネコ祭」というイベントを不定期に開催しています。ここは、対馬列島に生息するツシマヤマネコの保護繁殖に取り組んでいる動物園でもあります。わたしも行ったことがありますが、イベント中に生きたツシマヤマネコの姿はありません。そのかわり、ヤマネコの保護やそのほかの野生生物保全に取り組む団体やグループのパネル展示があったり、関連する魅力的なグッズが販売されていたり、飼育員さんによるヤマネコの生態や現状などの解説があったり、クイズや塗り絵が楽しめるコーナーがあったり、まさに子どもから大人まで楽しめて学習できるという、すばらしいイベントでした。「楽しかったね！」で終わることなく、なぜヤマネコたちが絶滅の危機に追いやられているのか、わたしたちは宿題を持ち帰り、個々の頭で考えることになります。思い出は、「楽しさ」だけではないのです。

さて、現在、日本国内で動物園・水族館を名乗る施設はどのぐらいあるのでしょうか？　実はこれが非常にあいまいなのです。

日本の法律では、動物園や水族館の定義がはっきりと定められていません。JAZAに加盟している動物園は90施設、水族館は51施設ありますが（2023年）、JAZAに加盟していない「動物園相当業者」はかなりの数にのぼり、総数では300施設前後といわれています。

残念ながら、なかには「娯楽」を最重視し、本来の動物の習性や福祉を尊重することは二の次という施設もまだ存在しています。さらに、過去の観光ブーム時に開園されて以来、施設自体の改善にはいたらず苦難を強いられている施設もあります。

「クマ牧場」という名の動物展示施設があります。これは、クマを放飼場で多頭飼育し、餌を投げ与えたりする観光施設です。四半世紀前には、全国に大規模なクマ牧場が8か所存在していました。その実態調査で、北海道から九州まで、すべてのクマ牧場をまわってきましたが、クマどうしのけんかが激しく、いのちを落としたり、子グマが成獣に食べられてしまうなど、壮絶な裏側も知りました。それでも、現場の獣医師や飼育員の努力、さらに国内外の団体のアプローチなどにより、少しずつ事態は改善されてきているように見えました。そのようななか、事故は起きてしまいます。

2012年4月、秋田県の八幡平（はちまんたい）クマ牧場で、逃げ出したヒグマが2名の従業員を襲って殺してしまい、逃げた複数のヒグマたちが射殺されるという痛ましい事故が起きました。この施設には、何度も訪れており、施設もクマの状態も悪かったことで数回にわたり、秋田県とやりとりを重ねてきました。しかし、この事故は想定外、というよりも青天（せいてん）の霹靂（へきれき）でした。

秋田県庁の獣医師に連絡をし、すぐに仲間と秋田に飛びました。そして、連日、行政の方々と現場作業をしました。片づけ、クマの餌の調達やクマ舎の掃除手伝い、さらに、自分が冬季休業前に行った最後の来園者であったこともあり警察の事情聴取を受けたり、クマの個体識別作業などもお手伝いしました。

そして、残された20頭余りのクマたちをどうするのかという問題が立ちはだかります。もう八幡平クマ牧場は閉鎖の道しかありません。クマを安楽死させるという選択肢も浮上しました。

ところが、またここで予想外の展開となります。秋田県は、巨額の予算をつけ、1頭も殺すことなく、県内にある阿仁(あに)クマ牧場にクマたちを移送して新しい施設をつくったのです。

その2年後、阿仁クマ牧場に足を運びました。いました！　うって変わって、のびのびと遊び戯(たわむ)れるクマたちがそこにいました。環境エンリッチメントが施された見事な放飼場、そしてすべてのクマたちに名前がついていました。説明パネルにある「わたしたちと同じように、毎日を生きています」という文言が、今でも胸に残っています。

クマだけではありません。ほかにも、キツネの多頭飼育展示をおこなう施設なども存在します。SNSなどで話題を呼び、海外からの観光客などにも人気の施設が北日本にあります。数年前にここを訪れた際、生後1か月前後（離乳前）の小さな子ギツネたちを、檻に入れて客寄せ的に展示していたことや、手のひらサイズの子ウサギを「ふれあい」に使っていることなどに憤(いきどお)りをおぼえ、自治体に質問状を提出しましたが、たらいまわしのように扱われた挙句(あげく)、返答がありませんでした。現在は、大手の動物福祉団体が、施設の大幅な改善を求めるべく働きかけをおこなっているところです。

誤ったかたちでの動物展示は、とくに子どもや若者たちの動物観を大きくゆがめてしまうことになりかねません。そして、そのことは、各種動物たちとのつきあい方（家庭動物から野生動物まで）に、のちのちのち影響するものではないかと思っています。

大阪にある天王寺動物園は、動物への「餌やり」や「ふれあい」を中止しました。その陰には、動物福祉の理念と倫理があります。また、群馬県にある伊香保グリーン牧場という、畜産動物の展示施設では、「5つの自由」を掲げ、乳牛の乳しぼり体験をやめました。これも、動物福祉上の理由からです。今日も、心ある動物園の現場では、動物たちの健康や福祉の向上を目指して、職員さんたちの休むことない努力が続いています。

3 資本主義社会に翻弄（ほんろう）される野生動物

この10年ぐらいで急増したのが、「カフェ」という名称を使う、野生動物の展示施設です。都会に立ち並ぶビルの一角で「フクロウカフェ」や「カワウソカフェ」「ハリネズミカフェ」など看板を見かけたことがある人もいることでしょう。

わたしが先日出かけたのは、東京都の繁華街にある「カワウソカフェ」でした。ビルの2階にあるその施設は、けっして広いとはいえないなか、10頭以上のコツメカワウソやハリネズミなどが飼（し）

養展示されています。多くの若者でにぎわい、カワウソたちは寝ていても起こされ、「ふれあい」と称して触られたりしています。30分の滞在で入場料はなんと１５００円、これにドリンク料金やふれあい料金が別途かかります。高額なのに、なぜか人気の店です。

コツメカワウソは海外の野生動物であり、取引が規制されている絶滅危惧種です。日本人に人気で、高額でも購入する人があとを絶たず、需要と供給の関係のように、密猟と密輸が横行してきました。そのため、２０１８年、コツメカワウソはワシントン条約附属書Ⅰに格上げされたという経緯があります。以前には、野生動物の展示即売会などでも、カワウソが出品されているのを見かけました。オスメスのペアで２００万円以上の高値がついていました。そしてこれは、出自がきわめてあやしい個体でした。

「フクロウカフェ」「猛禽カフェ」と称し、海外から輸入あるいは自分の店で繁殖したフクロウやタカなどを展示し、販売している店も、以前からあります。なかには、パチンコ屋の店内で、フクロウ展示をしているというケースもありました。「防音しているから」「展示形態で、個体に負荷がかからないようにしているから」という理由で続行されていましたが、根本的な問題はそこではありません。都会のなかで、フクロウが足を紐でつながれて、不特定多数の人間に触られたりしている、そのシチュエーションの異常さこそが問題なのです。

猛禽類の流通については、調査を重ねるうちに見えてきた事実があります。

まずは、国内における密猟です。住宅地の一角でマニア相手に商売を続けていた業者のところから、羽がボロボロになった1羽の小型猛禽を連れて帰りました。本人は海外輸入といい張っていましたが、専門家に見ていただいたところ、渡り途中に捕獲された密猟個体にまちがいないだろうという結論でした。この子は、野鳥保護のエキスパートによって、リハビリを受け、無事に自然復帰することができましたが、野生に帰せるのは、まれな事例といえると思います。

次に、海外から猛禽を輸入する実態です。このなかには、野生個体を捕獲して、日本やアラブ諸国に輸出するケースも多くあります。東欧やアジア、アフリカ諸国などです。国内での取り締まりや法整備ができていない国で、野生動物が乱獲されるのは、本当に深刻な問題です。生態系の崩壊が起こります。なので、いくら「合法的に輸入した」といっても、相手国の自然破壊や種の絶滅に加担するようなことになっているのも実情です。

そして、輸入の場合、輸送中にいのちを落とす個体も多くいます。長時間の空輸で健康を損ねてしまうのです。さらに、購入後、猛禽を診察できる獣医師や動物病院は非常に少ないのが現状です。ケガをしても病気になっても、治療先がないというのは、非常に不幸なことです。

ちなみに、韓国では2022年、野生動物を展示するカフェを禁止するという方針を発表しました。3～4年の猶予期間をへて、展示飼養されている野生動物は保護施設などに移される予定です。すばらしい英断であると思います。さらに、生態系に放された場合、さまざまな影響が懸念されるアライグマについては個体登録も始めるようです。

この話を聞いたときに、心の奥がちくりとしました。日本におけるアライグマの歴史と現状を見てきて、あまりに政府や行政の対応が遅く、多くのアライグマに犠牲を強いることになった事実を知っているからです。

２００４年、日本では「外来生物法」という法律が成立しました。生態系などに被害をもたらす可能性のある「特定外来生物」を定め、その販売や譲渡、飼育などを禁止・規制するものです。アライグマは、この特定外来生物に指定されました。

しかし、この法律ができる直前まで、アライグマはペットショップでも販売されていました。アライグマの販売禁止を求める署名を集めたりビラをつくったりし、環境省に出かけたのは、１９９９年でした。そのころ、当時住んでいた神奈川県では、学校の帰り道にアライグマとバッタリ遭（あ）うようになっていたぐらい増えていたのです。そして、さんざん野放しされたあと、急に外来生物問題がオオゴトとなり、法律がつくられ、今度は一気にアライグマは「駆除」の対象となりました。輸入や販売が禁止されただけでなく、アライグマのいのちがうばわれるようになったのです。

そんななか、長年アライグマを保護し、適切な譲渡を続けてきた人物がいます。山田佐代子さんです。彼女は、公益財団法人・神奈川県動物愛護協会の会長をつとめていますが、捨てられた犬猫の保護や、飼い主のいない猫の不妊去勢手術の実施などに奔走する一方、「厄介者」扱いされるアライグマの実態に胸を痛めてきました。外来生物法施行の際には、「公益上の理由で」外来種の新たな飼養を認めさせることにも成功しました。しかし、実際、アライグマを新たに飼うとなると、非常に煩雑な手続きが必要です。それでも、ごく少数の人たちが里親（駆除個体の引き取り飼育）に名乗りをあげてくれます。

彼女ら彼らは、「アライグマがほしい、飼いたい」のではありません。1頭でも犠牲になるいのちをなくしたいのです。山田さんも「アライグマが大好き」でやっているわけではありません。1頭でも殺されたくない、そして生態系に生きるほかの生きものたちも護りたいのです。

以前、外来種対策の先進国といわれるニュージーランドの視察に同行させてもらった体験があります。水際対策の徹底ぶりには目を見張るものがありました。空港内には、検疫犬のビーグルたちが歩きまわり、生きた動物だけでなくさまざまな植物や食べ物について輸入・持ち込みが厳しく制限されています。

日本では、一部の動物種が、感染症対策や外来種問題のために輸入禁止や制限などの措置がある一方で、驚くような数の虫や魚、両生類や爬虫類、鳥類、哺乳類が、愛玩（あいがん）目的で輸入されているのが現状です。

現在、国内各地で、エキゾチックアニマルと呼ばれる、めずらしい動物の展示即売会が定期的に開催されています。わたしも数回、足を運んできましたが、まるでお惣菜パックのような入れ物に虫やカエルや小さなヘビが入れられて積んである状態でした。毎回、会場には多くの家族連れや若者がいます。お小遣いで、めずらしい虫やカエルを買っていく子どももいたりもします。

ちなみに、日本の動物愛護法は、対象種が爬虫類・鳥類・哺乳類なので、両生類や魚類、虫などは法律の対象外となっています。

海外のめずらしい生きものだけでなく、日本国内でも、その土地にしかいないような希少な虫やヘビ、カメが売られていたりもします。日本の鳥獣保護法（国内の野生鳥獣を保護管理する法律）は、対象が鳥類と哺乳類だけです。さらに、種の保存法（絶滅のおそれのある動植物を保護するための法律）で護られるのは、ごく一部の希少種だけです。調査が追いついていない土地固有の生きものたちは、いずれからもこぼれ落ちてしまい、乱獲や開発などでひっそりといなくなってしまうのではないかと、心配でたまりません。

野生動物の流通問題については、資本主義社会でのヒトの倫理が大きく問われる部分でもあります。「安易に買わない（飼わない）」「勝手に捕獲しない」など、当たり前にシンプルな事項の制限が意外に難しいのです。

そして、わたしたちは、日本列島において、自然界に生きる野生動物たちとのつきあい方についても、さまざまな課題を抱えています。

都会から一歩出れば、そこは野生動物たちの棲みかと重なります。車やバイクで走るときには、タヌキやシカなどとの衝突事故を起こすこともあります。また、人間活動により犠牲になる傷病鳥獣と呼ばれる野生動物たちの救護という問題もあります。開発行為によって、それまで普通に見られていた小さな生きものたちが軒並み姿を消してしまうこともあります。

また、人と野生動物の共生を考えるうえで、近年さらに深刻化している問題があります。野生動物による農作物被害問題です。

大学に入る前、20代前半のころ、宮城県の小さな過疎の町に廃屋(はいおく)を借りて犬と暮らしていたことがあります。そこで目の当たりにしたのは、ニホンザルによる果樹園や田畑などの作物被害でした。サルは群れで行動しますので、やられると被害も大きいのです。そのときから、このテーマについて考えるようになり、効果的な防除策や追い払い術などを学ぶために、あちこちの地方で開催される勉強会や集会に出かけるようになりました。今も、機会があれば出向くようにしていますが、ひとつ確信をもっていえることがあります。

それは、農作物をはじめ、人の生活への被害対策を講じる場合、「相手を知る」ことの大切さです。

相手の動物種は、どんな習性で、どんな食べ物を好み、何がきらいなのか、などを知らないと対策の方法も方向もまちがってしまうことがあります。また、動物目線で人の営みを見てみることも必要です。

たとえば、人にとって「売れない」「価値がない」野菜を畑に放置する場合があります。これは、動物たちからしてみれば、まさに「ごちそう」であり、食べ放題のサラダバーのように見えるかもしれません。意図せずに、野生動物を餌づけしてしまっているのです。対策の具体的なノウハウについては、さまざまな知恵と技術が出ているのですが、各種専門家などの力を借りて、集落ぐるみで取り組んでいく必要を感じます。

また、日本列島の農業そのものについても、危機感を抱いています。都市部への人口流入にともなう、農村部の著しい人口減少、そして農業従事者の高齢化が進むなか、近年の気候変動にともなう異常気象や野生動物による被害も加わっているのが現状です。農業が活気を取り戻していくにはどうしたらいいのか、これはみなさんの世代の大事なテーマになっていくと思います。

変わりゆく日本列島を、野生動物たちも見ているのです。「共存」を模索するには、人間社会の見直しこそが必要なのかもしれません。

野生動物は、家庭動物（ペット）とちがいます。したがって、接触がない分、購買欲や飼育欲に走ったり、逆にどうでもいいいのちとして扱われたり殺されたり、極端なパターンになりがちです。今、野生動物との多様な関係性のなかで問われているのは「相手へのリスペクト」「いのちへの敬意」ということではないかと思っています。

4 震災、人災と動物たち

２０１１年3月11日。誰もが予想しなかった未曽有の災害が東日本を襲いました。東日本大震災。この日のことを、そしてその後の日々を、けっして忘れることはありません。

この日、14時46分、わたしは八丈島の動物病院へ行くために、羽田空港に向かう途中でした。何が起きたのかを知ったのは、空港に着いてからだったのです。

わたしは、仙台市で生まれ育ち、25歳で大学に入る前まで、宮城県で過ごしてきました。県内の仲間、友人たちの顔が次々に浮かびました。安否確認を続けるうちに、大事な友人が津波で犠牲になったこと、さらに石巻市で長年動物保護活動を続けているアニマルクラブが被災したことなども知りました。とにかく何かできないか、と気ばかり焦るなか、夫と仲間2名と、必要物資を積んで車2台で現地に向かったのが、同年3月下旬のことです。

仙台市の動物愛護管理センターにも立ち寄りました。津波で迷子になった多くの犬たちが保護されていました。職員の方々もみずからが被災されているという壮絶な状況です。すぐそばまで、がれきが押し寄せ、信号機は機能していません。

石巻市のアニマルクラブは、わたしが10代のころからお世話になってきた団体です。代表の阿部智子さんは、胸まで水に浸かりながら、動物たちを助けてきました。助からなかったいのちもあります。しかし、震災後、彼女はすぐに迷子の動物たちの保護を開始しました。

石巻市の津波被害は、目を疑うほどの光景でした。智子さんもスタッフもみなが被災当事者です。そんな状況下、彼女らは、なりふりかまわず、動物たちのレスキューに奔走していました。現地の動物病院も被災し、機能できないなかです。このとき、彼女に依頼されたのは、疾病を抱えている動物たちの処方食（特別なドッグやキャットフード）や、鳥やウサギの餌、最低限の薬品や点滴などでした。

そのあと、帰り道に、福島県を通る際、現地のボランティアの方と会い、行方不明の犬を探しに、夫と2人で原発事故の立ち入り制限区域に入ることになりました。念のため、大量のドッグフードなどを積んで、当時はまだ身分証明書提示で入ることができた原発20キロ圏内に、車を走らせました。道路はあちこちが陥没し、何度も引き返し、縫うように原発方面へ。そして、そこで、わたしたちはさまざまな動物たちに遭遇することになります。

住民たちは「すぐに帰ってこられる」と信じて、犬猫たちをおいていったのです。しかし、実際には帰れませんでした。震災直後から、複数の動物保護団体が20キロ圏内に入って、取り残された犬猫たちを保護しました。それでも、犬たちは、まだまだあちこちに姿を見せます。おびえて吠える犬、唸って近づかない犬、それでも、持参したフードには飛びつきます。

さらには、庭先で飼われているニワトリの死体。そして、強烈だったのは、牛でした。原発からほど近い場所の牛舎にいた和牛たち。がりがりに痩せていました。目と鼻の先にある牧草が、閉じ込められているために食べられなかったのです。すぐに牧草をおろして給餌し、さらに牛たちが出られるように、牛舎の一部を壊しました（注：本件は、警察に自首しています）。しかし、間に合わなかった牛たちもいました。おびえたような目をした子牛、そのかたわらには大きなお母さん牛が力尽きていました。隣の牛舎では、まだ亡くなって間もない牛が、足を折るような恰好で、宙を見つめているようでした。

春の麗らかな日でした。遠くではウグイスが鳴いています。ちらほらと梅の花も見受けられました。そして、人間が誰もいない世界。わたしたちは、目の前の悪夢のような光景が、どうしても現実に思えず、呆然としていました。

少数の犬やニワトリを連れて帰ってからは、国会議員の事務所をまわったり、環境省に申し入れをしたりに明け暮れる日々でした。しかし、なかなか事態は進みません。ようやく、環境省から「動物専門委嘱員」の委嘱状が届いたのは、同年5月の末でした。あまりに多くの動物たちがいのちを落としたあとです。

全国から、立ち入り制限区域に残された犬猫を保護しようとする人たちが現地に駆けつけ、立ち入りが禁止されたあとも、そのギリギリのラインで餌をあげるために通う人たちがたくさんいました。そして、保護したあとのボランティアの方々の奮闘は、長く続いています。本当に頭が下がります。

大災害の際に、「動物たちのことは後回しになる」という現実を突きつけられた気がします。なかでも、畜産動物への対応は、さらに遅くなります。「天災」（地震や津波）「人災」（原発事故）にかかわらず、長いあいだ放置されてしまう結果となり、多くの畜産動物が餓死していきました。前編で生田武志さんが、工場式畜産の問題を取り上げていますが、甚大な災害の際、過密飼育されている数千、数万という数のブタやニワトリを助け出すことは不可能に近いともいえます。福島県の沿岸部には、大規模なブタの飼養施設がありました。そこを4月初旬に訪れた友人の獣医師は、まさに地獄絵だった、とつぶやいていました。

動物たちは、放射能で死んだのではありません。飢えて乾いて、死んでいったのです。

原発事故の犠牲になったのは、人間に飼われている動物たちだけではありません。野生動物たちにも、影響を与えました。

２０１５年、山階（やましな）鳥類研究所や日本野鳥の会が「ツバメの巣をこわさないで」と呼びかけました。ツバメは、春になると東南アジアから日本にやってきて、人家やその近くなどに巣をつくり子育てをします。そのツバメの巣からセシウムが検出された（1都12県）ことが明らかになりました。福島原発事故の影響にまちがいありませんが、放射能をおそれるあまり、ツバメの巣を落とす人が続出しました。そして、ツバメの巣を壊した事例は、農村部に比べ都市部は7倍といわれています。古くから、日本列島において、人とツバメはよい関係をつむいできました。それが、原発事故によって、寸断されたのです。誰だって放射能は怖いでしょう。でも、ツバメの巣を落とすという行為に象徴されるような、「自分たちの安全」を最優先する人の心に、なんとも悲しい気持ちになりました。ちなみに、放射能で汚染されたツバメの巣が人体に影響をおよぼしたという報告はありません。

そして、当のツバメたちにも異変が起きていました。喉に白斑（はくはん）があったり尾羽が不揃いだったりする身体の異常が報告されています。大きなおできがあるウグイス、羽のサイズが小さいシジミチョウたち、白血球が大幅に減少したニホンザルなど、研究者や自然保護団体などの調査により、さまざまな事実が公になったのです。

１９８６年、旧ソ連で起きたチェルノブイリの原発事故においても、野生の動植物が放射能によって受けたダメージは、数々報告されてきました。原発事故の影響は、長年にわたって続くのです。

これは「人災」であることを、わたしたちは忘れてはいけないと思います。

さて、読者のみなさんのなかには、動物が家族の一員！ という人も多いと思います。日本列島は豊かな自然に恵まれている一方、地震や洪水、噴火などの災害リスクも高い地です。いざというときに、その家族動物とどのように避難するかというテーマは、常に考えておく必要があります。

東日本大震災のあと、環境省、そして各自治体は、災害時の動物対応（ペットだけではなく、動物園の動物なども含まれます）の検討を重ねてきました。その結果、「原則、ペットは同行避難」という結論が出ています。ただし、その内容や避難所は、地域によって差が見られるので注意が必要です。

あなたの住んでいるエリアでの指定避難所では、動物を連れていくことが可能かどうか、さらに大きさや動物の種類によっては同行避難が不可能なこともあるので、そのような場合どうするか、災害が起きないうちに調べておくことが必要です。

また、避難所では、動物は放しておくことはできないので、ケージに入れることに慣らしておくこと、そして、動物どうしの感染症予防のために、ワクチンや駆虫はすませておくことも大切です。同行避難は、イコール同伴避難、ではありません。ここも注意が必要です。飼い主家族と離れた場所で過ごすことも想定し、最低限のしつけも日頃から心がけるようにしてください。

最後に、最大の人災ともいえる、戦争のことについて少しだけ触れたいと思います。２０２２年２月、ロシアとウクライナの戦争が始まりました。両国のお母さんたちが、子どもを戦場に送ることに涙を流している姿がテレビ画面に流れ、胸が詰まりました。そして、爆撃で廃墟と化した無人の町を放浪する犬の姿も報道されていました。人間の愚かな行為に翻弄されるのは、ペットだけではありません。多くの牛やブタやニワトリも、動物園の動物たちも、路傍の草花や樹木も、虫や野鳥たちも、みんなが傷つきいのちを落としていきます。抵抗や反乱もできずに、ただ無残に。

わたし自身が、最初に戦争の悲惨さに驚愕（きょうがく）したのは、小学生のときに読んだ、椋鳩十の『マヤの一生』という本です。犬のマヤ、ニワトリのピピ、猫のペル、そして子どもたちの平和な楽しい日常生活。でも、後半、その何気ない日常が、戦争によって、引き裂かれ崩壊していくのです。読み終わったあと、救いのないような悲しみに、ただ泣くことしかできませんでした。人は戦争によって、生きる方途を失っていきます。そして、人以外の生きものたちは、人間の愚かさで、生きる方途をもぎとられていくのです。

日本は、第二次世界大戦後、戦場になることはありませんでした。しかし、世界中で、戦争や紛争は続いています。兵器はさらに大規模な殺傷能力をもち、核や生物兵器の研究も進んでいます。38億年続いていた生命のタペストリーを根こそぎ絶やすことにもなりかねない、大きな脅威といえます。

この世から戦争がなくなるには、どうしたらいいのか。わたしもみなさんと一緒に考えつづけていきたいと思っています。

（なかのまきこ）

おわりに――わたしたちにできること

わたしたちは、日本では動物問題への取り組みが、国際的に見て遅れている部分が大きい、と考えています。ですから、できるだけ多くの人たちが、今すぐにでも、具体的な行動に取り組んでほしいと願っています。自分だったら、動物たちのために何ができるか考えて、できることから始めてみてください。

〈伴侶動物（家庭動物）〉

・保護動物を家族として迎える。

動物の保護団体・グループには、新しい家族を待っている犬や猫、鳥などが大勢います。動物と暮らす準備を整えて、保護動物を迎えることを考えてみてください。

・ボランティア活動に参加する。

保護動物たちの世話をする団体やグループでは、ボランティアを募集しているところがあります。犬猫の一時預かり、実際に施設に行っての世話など、できる範囲の手伝いをしながら、この問題について考えていくことはとても大事です。

・虐待やネグレクトが疑われる犬猫を見かけたら、通報する。

警察や、都道府県の動物愛護管理部署（動物愛護センター）などに電話やメールをしてください。

〈畜産動物〉

・現状を知る。

畜産動物の現状を知ることは難しいのですが、でも、書籍やドキュメンタリー映画、各種団体のサイトなどで、さまざまな問題点を指摘しています。視野を広げるところから始めてみてください。

・動物福祉に配慮した畜産物を買う。

日本でも、畜産動物の福祉や健康に配慮した飼い方を実践している生産者たちがいます。少し値段は高くても、そういう製品を選ぶことは、消費者として動物福祉の向上に貢献することにつながります。

・畜産物の消費を少し減らしてみる。

いきなりベジタリアンになることは難しくても、日々の暮らしのなかで、肉や乳製品などの消費を少し減らすことはできます。たとえば、週1日月曜日だけは肉類を食べない「ミートフリーマンデー」のような取り組みを、日常生活に取り入れることをおすすめします。

〈実験動物〉

・できるだけ動物実験をしていない日用品や化粧品を選ぶ。

「動物実験をしていない企業」などのキーワードで検索すると、さまざまなサイトで企業や製品の情報を知ることができます。海外の製品などでは、「動物実験をしていません」と明記しているものも多くあります。動物や地球環境をできるだけ犠牲にしない製品を選ぶことも大事な一歩になります。

・教育のなかで犠牲になる実験動物を減らす。

中学や高校では、いまだにカエルなどの生体解剖がおこなわれているところがあります。また大学でも、不必要な動物実験をおこなっていることがあります。おかしいと思ったら、勇気を出して「おかしい」「動物を犠牲にしない方法を提示してほしい」と意見表明をしてください。

〈展示動物〉

・動物園を別の視点から見てみる。

展示されている動物たちの「エンリッチメント（環境や生活の質を高めること）」や、動物を説明するパネルや掲示物にも注目してみましょう。また、疑問に思うところがあったら、飼育員さんに直接たずねてみてください。

・動物を「見世物」にしている動物展示施設はよくない、とまわりに知らせる。

客を集めるためだけに、動物を見世物にしている展示施設は、残念ながらまだ多いのが現状です。その問題点を、ぜひ友だちにも知らせてください。

〈野生動物〉

・「めずらしいから」「かわいいから」という理由で、野生動物をペットにしないようにする。

日本では、さまざまなめずらしい野生動物が輸入され販売されています。きちんとした知識がなくケアができない状態で飼うことは、動物を不幸にします。さらに国内外の生態系への影響や、種の絶滅などにもかかわる問題です。安易な購入は、絶対にしないでください。
・相手の「種」について学ぶ。
国内に生息するさまざまな野生動物の種別の特性や現状について、勉強することは大切です。相手を知ることで、それまで気づかなかったことが、見えてくることもたくさんあるからです。
・野生動物による被害問題の背景を考えてみる。
農作物被害だけではなく、深刻な問題としてクマなどによる人身被害があります。さまざまな被害問題について、その対策を考える本やサイトなどもありますが、若い人向けの集会や勉強会なども最近増えつつあります。ぜひ、どんどん参加してみてください。

〈災害・戦争と動物〉
・いざという時にそなえる。
災害は突然起こるものです。日ごろから、動物を連れて避難できる場所を調べたり、フードやペットシートなどの備蓄、ワクチン接種や最低限のしつけなど準備を心がけることが大事です。
・災害時こそ「助け合い」を実践する。
災害が起きた地域では、動物保護団体も被災することが多々あります。現地に行って手伝うことができなくても、必要物資を確認して送ることや、動物の一時預かりなどで協力することもできます。どんなことなら自分ができるのかを考えて、ぜひ行動してみてください。
・戦争は人災ですから、人が止めることができます。

ヒトを含むさまざまな生きものを、あっという間に巻き込みそのいのちをうばっていく戦争は、人類史上最も愚かで悲しいことだと思います。戦争について考える機会をぜひ設けてください。戦争そのものに反対の声をあげていくことも重要です。

•世界中に友だちをつくる。

インターネットのすばらしいところは、地球の反対側にいる人たちとも瞬時につながれるところだと思います。共通の趣味や好きなことを通じて、世界のあちこちに友だちをつくることをおすすめします。もしかして、これが戦争から遠ざかる一歩かもしれません。

最後に質問

Q1 日本で、動物問題への取り組みが遅れているのは、なぜだと思いますか？

Q2 あなたが動物たちとともに生きるために、動物福祉の向上のためにできることはなんでしょうか。それを家族や友だちに広めることができますか？

Q3 「難しい」と思った人は、どうしてなのでしょう。どうしたら、そのハードルを越えられると思いますか？

さらに学びたい人のために――図書・映画紹介

❖堀直子（著）　あわい（イラスト）『いつか空の下で　さくら小ヒカリ新聞』 汐文社、2022年

小学4年生の「あかり」がバタリーケージで傷ついたニワトリと出会い、家畜動物について考えはじめます。

❖生田武志『いのちへの礼儀――資本・国家・家族の変容と動物たち』 筑摩書房、2019年

日本社会の動物問題の多くに触れています（ただし大人向け）。

❖飯田基晴　監督『犬と猫と人間と』 2009年

犬や猫の殺処分、地域猫や保護犬・猫の問題について伝える映画。

❖井上夕夏『実験犬シロの願い（新装版）』 ハート出版、2020年

保健所から払い下げられて動物実験に使われたシロという犬の話。実話です。

❖椋鳩十『マヤの一生』 大日本図書、二〇一〇年

第二次世界大戦時、犬のマヤたちと子どもたちの暮らしを通して、戦争の愚かさ悲惨さを訴える1冊。

（生田武志・なかのまきこ）

参考文献・映像・資料一覧

【第1限】

- 井上輝子・上野千鶴子・江原由美子編著『新編　日本のフェミニズム２　フェミニズム理論』岩波書店、２００９年
- 江原由美子『持続するフェミニズムのために――グローバリゼーションと「第二の近代」を生き抜く理論』有斐閣、２０２２年
- 岡野八代『フェミニズムの政治学――ケアの倫理をグローバル社会へ』みすず書房、２０１２年
- オルセン、フランシス『法の性別――近代法公私二元論を超えて』寺尾美子編訳、東京大学出版会、２００９年
- 木村涼子・伊田久美子・熊安貴美江編著『よくわかるジェンダー・スタディーズ――人文社会科学から自然科学まで』ミネルヴァ書房、２０１３年
- 木村涼子編著『ジェンダーと教育』日本図書センター、２００９年
- ギリガン、キャロル『もうひとつの声で――心理学の理論とケアの倫理』川本隆史ほか訳、風行社、２０２２年
- スリニヴァサン、アミア『セックスする権利』山田文訳、勁草書房、２０２３年
- 田中雅一・中谷文美編『ジェンダーで学ぶ文化人類学』世界思想社、２００５年
- 辻村みよ子編『ジェンダーの基礎理論と法』東北大学出版会、２００７年
- デッカー、ジュリー・ソンドラ『見えない性的指向 アセクシュアルのすべて――誰にも性的魅力を感じない私たちについて』上田勢子訳、明石書店、２０１９年
- バトラー、ジュディス『ジェンダー・トラブル――フェミニズムとアイデンティティの攪乱（新装版）』竹村和子訳、青土社、２０１８年
- 松井彰彦・塔島ひろみ編著『マイノリティだと思っていたらマジョリティだった件』ヘウレーカ、２０２２年

- ルソー『エミール（下）』今野一雄訳、岩波文庫、１９６２年
- 若林翼『フェミニストの法――二元的ジェンダー構造への挑戦』勁草書房、２００８年
- Mason, Elinor, *Feminist Philosophy an Introduction*, Routledge, 2022

- 厚生労働省（２０２２年）「賃金構造基本統計調査」https://www.mhlw.go.jp/toukei/itiran/roudou/chingin/kouzou/z2022/（２０２３年８月30日、最終閲覧）
- 厚生労働省（２０２２年）「厚生労働白書〔令和４年版〕」https://www.mhlw.go.jp/stf/wp/hakusyo/kousei/19/backdata/02-01-01-03.html（２０２３年８月27日、最終閲覧）
- 内閣府（２０２２年）「男女共同参画白書〔令和４年版〕」https://www.gender.go.jp/about_danjo/whitepaper/r05/zentai/pdf/r05_tokusyu.pdf（２０２３年８月27日、最終閲覧）
- 文部科学省（２０２２年）「令和３年度 公立学校教職員の人事行政状況調査について（概要）」https://www.mext.go.jp/content/20230116-mxt-syoto01-000026693_01.pdf（２０２３年８月27日、最終閲覧）
- 連合（２０２２年）「非正規雇用で働く女性に関する調査」https://www.jtuc-rengo.or.jp/info/chousa/data/20220331.pdf（２０２３年８月30日、最終閲覧）
- 「性同一性障害者の性別の取扱いの特例に関する法律」https://elaws.e-gov.go.jp/document?lawid=415AC0100000111（２０２４年１月18日、最終閲覧。以下同）
- 「不妊化要件違憲判断」https://www.tokyo-np.co.jp/article/285891
- 「公益社団法人Marriage For All Japan－結婚の自由をすべての人に」https://www.marriageforall.jp/
- 「ジェンダーレス制服」https://www.tombow.gr.jp/school/original/genderless/
- 「スカートをはいてサポートした教員たち」https://twitter.com/el_pais/status/1397501695660335104 https://twitter.com/joxepinas/status/1325746714469425152
- 「性的指向及びジェンダーアイデンティティの多様性に関する国民の理解の増進に関する法律」https://www8.

cao.go.jp/rikaizoshin/law/pdf/jobun.pdf
・「政府与党の性的マイノリティへの差別発言」 https://www.asahi.com/articles/ASP5P64JMP5PUTFK001.html https://qr.paps.jp/tF0nN
・「アメリカンコミックスやヒーロー作品におけるマイノリティのメインキャラクタ」 https://qr.paps.jp/NiIdO https://virtualgorillaplus.com/drama/echo-tvma/ https://wired.jp/2018/03/01/black-panther-box-office/ https://qr.paps.jp/n7Lqw

【第2限】
・エスピン＝アンデルセン、G『ポスト工業経済の社会的基礎――市場・福祉国家・家族の政治経済学』渡辺雅男・渡辺景子訳、桜井書店、2000年
・酒井正『日本のセーフティーネット格差――労働市場の変容と社会保険』慶應義塾大学出版会、2020年
・ピケティ、トマ『21世紀の資本』山形浩生ほか訳、みすず書房、2014年
・水島治郎『反転する福祉国家――オランダモデルの光と影』岩波書店、2012年
・「世界の富裕層ランキング」 https://qr.paps.jp/n1nb（2024年1月16日、最終閲覧）

【第3限】
・阿比留久美『子どものための居場所論――異なることが豊かさになる』かもがわ出版、2022年
・阿比留久美『孤独と居場所の社会学――なんでもない〝わたし〟で生きるには』大和書房、2022年
・天野郁夫『教育と選抜の社会史』ちくま学芸文庫、2006年
・石川良子『ひきこもりの〈ゴール〉――「就労」でもなく「対人関係」でもなく』青弓社、2007年
・内田良子『登園しぶり　登校しぶり』ジャパンマシニスト社、2009年

・大内裕和ほか『ブラック化する教育』青土社、２０１５年
・大内裕和『ブラック化する教育２０１４－２０１８』青土社、２０１８年
・奥地圭子『登校拒否は病気じゃない――私の体験的登校拒否論』教育史料出版会、１９８９年
・岡崎勝編著『学校に行かない子との暮らし』ジャパンマシニスト社、２０１９年
・小沢牧子『学校って何――「不登校」から考える』小澤昔ばなし研究所、２０１１年
・加藤美帆『不登校のポリティクス――社会統制と国家・学校・家族』勁草書房、２０１２年
・貴戸理恵『不登校は終わらない――「選択」の物語から〈当事者〉の語りへ』新曜社、２００４年
・貴戸理恵・常野雄次郎『増補　不登校、選んだわけじゃないんだぜ！』イースト・プレス、２０１２年
・桜井智恵子『教育は社会をどう変えたのか――個人化をもたらすリベラリズムの暴力』明石書店、２０２１年
・佐々木賢『学校を疑う――学校化社会と生徒たち』三一書房、１９８４年
・芹沢俊介『「存在論的ひきこもり」論――わたしは「私」のために引きこもる』雲母書房、２０１０年
・滝川一廣『学校へ行く意味・休む意味――不登校ってなんだろう？』日本図書センター、２０１２年
・中島浩籌『「不登校」は心の問題なのか？――逃げる・ズレる、を考える』書籍工房早山、２０２１年
・野田彩花・山下耕平『名前のない生きづらさ』子どもの風出版会、２０１７年
・本田由紀『多元化する「能力」と日本社会――ハイパー・メリトクラシー化のなかで』ＮＴＴ出版、２００５年
・本田由紀『教育の職業的意義――若者、学校、社会をつなぐ』ちくま新書、２００９年
・森田洋司『不登校現象の社会学（第２版）』学文社、１９９１年
・森田洋司編著『不登校――その後』教育開発研究所、２００３年
・山田潤「学校に『行かない』子どもたち――〈親の会〉が問いかけていること」佐伯胖ほか編『岩波講座現代の教育第四巻　いじめと不登校』岩波書店、１９９８年
・山下耕平『迷子の時代を生き抜くために――不登校・ひきこもりから見えてくる地平』北大路書房、２００９年
・リヒテルズ直子『オランダの教育――多様性が一人ひとりの子供を育てる』平凡社、２００４年

・渡辺位編著『登校拒否　学校に行かないで生きる』太郎次郎社、１９８３年
・渡辺位『不登校のこころ――児童精神科医40年を生きて』教育史料出版会、１９９２年
・全国不登校新聞社「不登校50年証言プロジェクト」http://futoko50.sblo.jp/（２０２４年2月7日、最終閲覧）

【第4限】

・コリンズ、パトリシア・ヒル／ビルゲ、スルマ『インターセクショナリティ』小原理乃訳、下地ローレンス吉孝監訳、人文書院、２０２１年
・シンガー、ピーター『実践の倫理（新版）』山内友三郎・塚崎智監、昭和堂、１９９９年
・テイラー、スナウラ『荷を引く獣たち――動物の解放と障害者の解放』今津有梨訳、洛北出版、２０２０年
・二階堂祐子『生きられた障害――障害のある人が、妊娠、出生前検査、親や子どもについて、語ったこと』洛北出版、２０２２年
・浜田寿美男『「発達」を問う――今昔の対話　制度化の罠を超えるために』ミネルヴァ書房、２０２３年
・『部落解放』編集部編『部落解放（特集：交差性・複合差別）11月号』解放出版社、２０２２年
・保坂展人『相模原事件とヘイトクライム』岩波書店、２０１６年
・毎日新聞取材班編『強制不妊――旧優生保護法を問う』毎日新聞出版、２０１９年
・森下直貴・佐野誠編著『「生きるに値しない命」とは誰のことか――ナチス安楽死思想の原典からの考察（新版）』中央公論新社、２０２０年

【第5限】

・雨宮処凛『14歳からの原発問題』河出書房新社、２０１１年
・大塚敦子『動物がくれる力――教育、福祉、そして人生』岩波新書、２０２３年

・片野ゆか『保健所犬の飼い主になる前に知っておきたいこと』新潮社、２０１３年
・栗田隆子『呻きから始まる――祈りと行動に関する24の手紙』新教出版社、２０２２年
・なかのまきこ『野宿に生きる、人と動物』駒草出版、２０１０年
・羽山伸一『野生動物問題への挑戦』東京大学出版会、２０１９年
・林幸治「『自然とかかわる保育』の実践的保育指導力の男女差について（その２）」『近畿大学九州短期大学研究紀要』第37号、２００７年
・松木洋一『日本と世界のアニマルウェルフェア畜産〈上巻〉人も動物も満たされて生きる』養賢堂、２０１６年
・リンデン、ユージン『動物たちの不思議な事件簿』羽田節子訳、東京ヘレン・ケラー協会、２００３年

・ゲイハルター、ニコラウス監督『いのちの食べかた』２００７年
・戸大裕監督『犬と猫と人間と　２　動物たちの大震災』２０１３年

・「カナダ・銃撃事件未遂」https://www.theglobeandmail.com/news/national/dog-ends-gunmans-plan-forshooting-rampage/article1134591/（現在閲覧不可。２０２４年1月16日、最終閲覧。以下同）
・「卵の消費量」https://www.jz-tamago.co.jp/business/news/k00020172/
・「ヒヨコの殺処分」https://www.hopeforanimals.org/eggs/427/
・「バタリーケージの使用率」https://qr.paps.jp/KdLDg　https://www.jz-tamago.co.jp/business/news/k00018372/
・「ベジタリアンの比率」https://www.mlit.go.jp/kankocho/content/001335459.pdf
・「日本のベジタリアン・ヴィーガンの比率」https://vegewel.com/ja/style/statistics3
・「ナタリー・ポートマンの発言」https://qr.paps.jp/ZK1ZA
・「クリスティン・ベルの発言」https://www.looktothestars.org/celebrity/kristen-bell

あとがき

〝授業〟いかがでしたでしょうか？　どのテーマも、学校の授業ではなかなか扱ってくれないテーマですし、扱われることがあっても、どこかフィルター越しのようでリアリティを感じられない、なんてこともあったかもしれないですね。学校の授業にかぎらず、ネットやマスメディアにあふれている情報は、そうなってしまうことが多いように思います。あるいは逆に、自分自身の当事者性やリアリティからすると、学校やメディアを通じて入ってくる情報は、どれも自分のリアリティからは遠い、ということもあるかもしれません。この〝授業〟が、そんなフィルターに風穴を開けて、みなさんのリアリティに響き、自分自身で考える、あるいは他者と一緒に考えあうきっかけのひとつになるのであれば、こんなにうれしいことはありません。

わたし自身のことをいえば、高校までの授業にはリアリティを感じられるものがほとんどなく、大学に入って、さまざまな当事者の活動に出会って（そのひとつが不登校でした）、ようやく「世界」に触れられたという実感があったように記憶しています。それは、自分自身が問われた、ということでもありました。

情報はあふれているのに、なぜフィルター越しのように感じられるのかといえば、さまざまな問題は、特定のマイノリティの人たちだけの問題ではなくて、この社会のあり方が生み出す問題であるにもかかわらず、それを問わずに「かれら」の問題にしてしまっているからではないでしょうか。しかし、マイノリティの問題は、マジョリティこそが問われるべき問題で、「わたしたち」の問題です。それは、耳の痛い、あるいは見るのも苦しい問題かもしれませんし、もしかしたら絶望的に感じてしまうこともあるかもしれません。でも、まやかしではない希望は、現実を直視し、この社会のあり方を根本から問う先にこそ、あるのだと思います。

そして、どういう立場からであっても、そういう問いを手放さずにもっていると、それが他者と一緒に考えあっていくことにつながっていくように思います。この本も、そうした出会いのひとつから生まれたものです。

この本は、2023年2~3月にイベントとして実施した授業がベースになっています。そのときは「学校で教えたい授業」という名前で実施しました(その以前にも、2009年に実施したことがありました)。その際、学校の教員に聞いてもらって、実際に学校でも実施してもらえる、いわばモデル授業にしようという案もありました。ただ、実際に自分の当事者性や現場から語るのと、それをモデルにして知識として語るのでは、どうしてもちがってしまう。それでは、フィルター越しの情報と変わらないものになってしまうように思いました。でも、1回かぎりのイベントで終わってしまうのはもったいない。なんとか、10代の人に直接届けることはできないかと思案していたところ、大月書店の角田三佳さんに企画を拾っていただいて、〝授業〟を書籍のかたちにすることができました。

もうひとつ、経緯を記しておくと、イベントの際の「学校で教えたい授業」というタイトルも議論のあったところでした。最初は「学校で教えない授業」というタイトルだったんですが、テーマによっては教えている場合もあるし、「教えない」よりも「教えたい」としたほうが教員に聞いてもらえるのではないか、という意見があり、変更しました。しかし、教えるというと、学校の授業がしばしばそうであるように、「正解」を上から下に教えるというような構図にもなってしまいかねない。もちろん、知っておいてほしい知識もあるのですが、この企画では、たんに知識として教えるというよりは、自分自身で考える、あるいは他者と一緒に考えあうきっかけにしたいという意図がありました。そこで、書籍化にあたっては、「10代に届けたい5つの〝授業〟」というタイトルにしました。

なぜ、この5つのテーマなのか、ほかにも扱うべきテーマはあるじゃないかというご意見もあると思います。そのとおりです。この5つのテーマは、具体的な出会いから出てきたものです。イベントとして実施した際には、「障害」のテーマはなく、「外国ルーツの当事者」というテーマが入っていました。「貧困」のテーマも、イベントの際の話し手には生活保護受給者も入っていました。

ほかにも、まだまだ、考えたいテーマはたくさんあります。今後、具体的な出会いのなかから、また、そうした機会をつくっていけたらと思いますし、あるいは、みなさんのなかで、そうした機会をつくっていっていただければと願っています。

最後に。まずは共著者のみなさん、イベントをともにしたみなさん、イベントや書籍化のプロセスを通じて、わたし自身、学ぶことがたくさんありました。装丁・本文デザインをしていただいた宮越里子さん、イラストを描いていただいたsuper-KIKIさん、おかげさまでステキな本に仕上がりました。感謝申し上げます。帯に推薦文を書いてくださった本田由紀さん、本田さんに推薦いただいて、たいへん心強いです。大月書店の角田三佳さん、売れるかどうか定かではない企画を拾っていただいたうえに、著者の数も多く、煩雑な編集作業に粘り強くおつきあいいただき、ありがとうございました。この〝授業〟が、一人ひとりの人に、とりわけ10代や若い人たちに届きますように。

山下耕平

2024年2月

著者

貴戸理恵（きど　りえ）

関西学院大学社会学部教授，「生きづらさからの当事者研究会」コーディネーター。専門は社会学，不登校の「その後」研究。単著に『「生きづらさ」を聴く――不登校・ひきこもりと当事者研究のエスノグラフィ』（日本評論社，2022年），『10代から知っておきたい　あなたを丸めこむ「ずるい言葉」』（WAVE 出版，2023年）など。

なかのまきこ（中野真樹子）

1968年仙台生まれ。1988年ひげとしっぽ project 設立，動物と人の共生を考える活動をスタート。その後，2000年に麻布大学獣医学部を卒業し，獣医師免許取得。卒後は各種動物活動にかかわり，現在は農業関連の会社勤務や短大の非常勤講師などをしつつマイペースで活動・執筆続行中。単書に『実験どうぶつの解放』（著者名は「ひげとしっぽ」，カタツムリ社，1991年），『野宿に生きる，人と動物』（駒草出版，2010年）。『どうぶつたちの見上げる空は (仮題)』（現代書館）が近日中に出版予定。

野崎泰伸（のざき　やすのぶ）

1973年，兵庫県尼崎市生まれ。立命館大学大学院人間科学研究科非常勤講師。専攻は倫理学・障害学。単著に『生を肯定する倫理へ――障害学の視点から』（白澤社，2011年），『「共倒れ」社会を超えて――生の無条件の肯定へ！』（筑摩書房，2015年）。共著に『大震災の生存学』（天田城介・渡辺克典編，青弓社，2015年），『相模原事件が私たちに問うもの』（太田順一郎・中島直編，批評社，2018年）など。

松岡千紘（まつおか　ちひろ）

1985年，大阪府生まれ。同志社大学法学部助教，大阪大学大学院法学研究科招へい研究員。専攻は憲法学・ジェンダー法学。単著に，「環境型セクシュアル・ハラスメント規制と表現の自由の関係に関する一考察――合衆国における判例・学説を中心として」（『阪大法学』73巻 1 号，2023年 5 月），「性売買と自己決定――セクシュアリティをめぐる構造と個人」（『季報唯物論研究』162号，2023年 2 月）など。

吉野靫（よしの　ゆぎ）

立命館大学生存学研究所客員研究員。身体改変にともなう医療事故と裁判をきっかけにトランスジェンダー研究を始める。単著に『誰かの理想を生きられはしない――とり残された者のためのトランスジェンダー史』（青土社，2020年）。共著に『マイノリティだと思っていたらマジョリティだった件』（ヘウレーカ，2022年），『われらはすでに共にある――反トランス差別ブックレット』（現代書館，2023年）など。猫と映画が好き。

編者

生田武志（いくた　たけし）
1964年６月生まれ。同志社大学在学中から釜ヶ崎の日雇労働者・野宿者支援活動にかかわる。2000年，「つぎ合わせの器は，ナイフで切られた果物となりえるか？」で群像新人文学賞評論部門優秀賞。2001年から各地の小，中，高校などで「野宿問題の授業」をおこなう。野宿者ネットワーク代表。単著に『釜ヶ崎から――貧困と野宿の日本』（ちくま文庫，2016年），『いのちへの礼儀――国家・資本・家族の変容と動物たち』（ちくま書房，2019年）など。

山下耕平（やました　こうへい）
1973年，埼玉県生まれ。大学を中退後，フリースクール「東京シューレ」スタッフを経て，1998年『不登校新聞』創刊時から８年間，編集長を務めた。現在は，NPO法人フォロ理事，同法人の運営する居場所「なるにわ」コーディネーター，関西学院大学非常勤講師など。単著に『迷子の時代を生き抜くために』（北大路書房，2009年）。共著に『名前のない生きづらさ』（子どもの風出版会，2017年）。

装丁・本文デザイン　宮越里子
イラスト　super-KIKI

10代に届けたい５つの“授業”

2024年３月22日　第１刷発行
2024年６月15日　第２刷発行

定価はカバーに表示してあります

編　者　生田武志
　　　　山下耕平
発行者　中川　進

〒113-0033　東京都文京区本郷2-27-16
発行所　株式会社　大月書店
印刷　三晃印刷
製本　中永製本
電話（代表）03-3813-4651　FAX 03-3813-4656　振替 00130-7-16387
http://www.otsukishoten.co.jp/

ISBN978-4-272-33113-0　C0036　Printed in Japan